Deutsches Historisches Museum Berlin

Prestel-Museumsführer

Prestel-Museumsführer

Deutsches Historisches Museum

Deutsche Geschichte in Bildern und Zeugnissen

Herausgegeben von Leonore Koschnick
für das DHM

PRESTEL
München · Berlin · London · New York

2., korrigierte Auflage 2006

Deutsches Historisches Museum
DEUTSCHE GESCHICHTE IN BILDERN UND ZEUGNISSEN
Konzept, Ausstellungsleitung, Koordination Hans Ottomeyer, Hans-Jörg Czech
Sachverständigenkommission Gerhard Bott, Horst Fuhrmann, Thomas W. Gaehtgens, Lothar Gall, Hubert Glaser, Werner Knopp, Jürgen Kocka, Gottfried Korff, Monika Richarz, Reinhard Rürup, Heinz Schilling, Rosemarie Stratmann-Döhler, Michael Stürmer
Abteilungskuratoren
100 v. Chr. – 1500 Sven Lüken
1500–1650 Gerhard Quaas
1650–1789 Leonore Koschnick
1789–1871 Dieter Vorsteher
1871–1918 Klaus-Peter Merta (†), Arnulf Scriba
1918–1949 Burkhard Asmuss, Maja Peers, Arnulf Scriba
1949–1994 Regine Falkenberg, Carola Jüllig
Wissenschaftliche Mitarbeit Heidemarie Anderlik, Regine Bleiß, Andrea von Hegel, Bernhard von Hülsen, Michael Kunzel, Andreas Quermann
Textautoren die Abteilungskuratoren sowie Nils Havemann, Ina Ulrike Paul, Matthias Pohlig, Uwe Puschner
Konservatorische Betreuung Restaurierungsabteilung DHM und freie Restauratoren
Datenbank Costa Großmann, Jens Jarmer
Medienstationen Gorch Pieken und die Multimediaabteilung DHM (PC-Stationen, Multivision), Wolf Dieter Pelikan (Film), Heidemarie Anderlik (Virtuelle Bibliothek)
Grafische Gestaltung Atelier Frank
Museumsdidaktik Stefan Bresky, Brigitte Vogel
Presse und Öffentlichkeitsarbeit Katrin Kahlefeld, Rudolf B. Trabold, Sonja Trautmann
Fotografie Sebastian Ahlers , Indra Desnica, Arne Psille
Textredaktion und Herausgabe des Museumsführers Leonore Koschnick

Umschlagabbildung Zeughaus, Außenansicht von der Straße Unter den Linden
Umschlagrückseite Medusahaupt an der Nordfassade des Zeughauses, A. Schlüter (Entwurf), G. G. Weyhenmeyer (Ausführung), um 1696
Fotos: Ulrich Schwarz, Berlin

Prestel Verlag
Königinstraße 9 D-80539 München
Telefon +49 (89) 38 17 09-0
Telefax +49 (89) 38 17 09-35
www.prestel.de

Die Deutsche Nationalbibliothek verzeichnet diese Publikation in der Deutschen Nationalbibliografie; detaillierte bibliografische Daten sind im Internet über http://dnb.ddb.de abrufbar.

Lektorat Frauke Berchtig
Grafische Gestaltung und Herstellung a.visus, Michael Hempel, München
Lithografie ReprolineMediateam, München
Druck und Bindung Passavia Druckservice GmbH, Passau

Gedruckt in Deutschland
auf chlorfrei gebleichtem Papier

Deutsche Ausgabe:
ISBN 978-3-7913-3274-1 / 3-7913-3274-0

Englische Ausgabe:
ISBN 978-3-7913-3238-3 / 3-7913-3238-4

Inhalt

Ein Ort mit Geschichte – ein Ort für Geschichte
Hans Ottomeyer / Hans-Jörg Czech 6

Die Sammlungen des Deutschen Historischen Museums Dieter Vorsteher 12

100 v. Chr. – 1500 Seite 19

Kelten, Germanen und Römer 20
Von den Völkerwanderungen bis zu Karl dem Großen 22
Kaiser und Reich 24
Lebensformen im Mittelalter 29
Die Kirche – geistlich und weltlich 34

1500 – 1650 Seite 37

Die Reformation und ihre Folgen für das Reich 38
Karl V. und das Reich 41
Die Entdeckung der Welt 44
Die Stadt 46
Fürstenmacht und Konfessionsstaat 49
Europa vor dem Dreißigjährigen Krieg 51
Der Dreißigjährige Krieg 53

1650 – 1789 Seite 57

Staatssouveränität und Vormacht in Europa 58
Mobilisierung der Wirtschaftskraft 64
Residenzen 67
Leben in Stadt und Land 70
Der deutsche Dualismus und Europa 73
Die Herrschaft der Vernunft 75

1789 – 1871 Seite 77

Von der Französischen Revolution zum Wiener Kongress 78
Der Wiener Kongress und die Ära Metternich 83
Industrialisierung und Arbeitswelt 87
1848 – Epochenschwelle zur Moderne 89
Neue Perspektiven 92
Wege zum Nationalstaat 94

1871 – 1918 Seite 97

Das Bismarckreich 98
Innenpolitik im Wilhelminischen Kaiserreich 102
Gesellschaft im Kaiserreich 106
Der Erste Weltkrieg 111

1918 – 1933 Seite 117

Kriegsende und Revolution 118
Die frühen Jahre der Weimarer Republik 121
Die Phase relativer Stabilität 125
Radikalisierung und Ende der Republik 129

1933 – 1945 Seite 133

Das NS-Regime 134
Ausgrenzung, Verfolgung und Terror 138
Außenpolitik und Kriegsvorbereitung 142
Der Zweite Weltkrieg 145
Der nationalsozialistische Völkermord 149
Der zersplitterte Widerstand 152
Die Niederlage 154

1945 – 1994 Seite 157

Deutschland unter alliierter Besatzung 158
Die Bundesrepublik Deutschland 163
Die Deutsche Demokratische Republik 168
Deutsch-deutsche Beziehungen 173
Friedliche Revolution und Wiedervereinigung 177

Anhang

Multimedia im DHM 182
Leihgeberverzeichnis 184
Personenregister 186
Das Alliierten Museum
Helmut Trotnow 190
Das Deutsch-Russische Museum
Kristiane Janeke 191
Deutsches Historisches Museum Besucherhinweise – Museumsverein 192

Ein Ort mit Geschichte – ein Ort für Geschichte

Hans Ottomeyer / Hans-Jörg Czech

Eine ständige Ausstellung, die anhand authentischer Objekte informative und abwechslungsreiche Einblicke in über 2000 Jahre deutscher Vergangenheit vermittelt – so lautete das Planungsziel eines außergewöhnlichen Museumsprojektes, dass jetzt nach gründlicher Vorbereitung verwirklicht werden konnte. Mehr als 8000 historische Exponate erzählen im Berliner Zeughaus, dem Hauptgebäude des Deutschen Historischen Museums, von Menschen, Ideen, Ereignissen und geschichtlichen Abläufen in Deutschland vom 1. Jahrhundert vor Christus bis in die Gegenwart.

Die Vorgeschichte

Am Beginn des Vorhabens stand eine bis in die frühen 1980er-Jahre zurückreichende Debatte in der Bundesrepublik Deutschland, über die Notwendigkeit und Machbarkeit eines Geschichtsmuseums als zentraler Ort der Information sowie der Diskussion über die Phasen der gemeinsamen Geschichte der Deutschen. Auf Initiative der Bundesregierung wurde 1987 von Bund und Land Berlin das Deutsche Historische Museum gegründet und mit den Vorbereitungen zur Einrichtung einer Dauerausstellung zur deutschen Geschichte beauftragt. Ausgangspunkt für den sofort aufgenommenen Aufbau einer Sammlung von geeigneten Exponaten sowie für die inhaltliche Planung der zukünftigen Dauerausstellung bildete eine Konzeption, die im Gründungsjahr von einer Sachverständigenkommission aus 14 namhaften deutschen Wissenschaftlern vorgelegt worden war. Sie bildet bis heute eine der wichtigsten Leitlinien für die Arbeit des DHM. Diese Konzeption sah vor, die Dauerausstellung sowohl in der Vorbereitungsphase als auch in der Zeit nach Eröffnung durch ein Programm von Wechselausstellungen zu flankieren. Mit den Wechselausstellungen, deren kontinuierliche Abfolge bereits 1988 begonnen werden konnte, wird das Ziel verfolgt, aktuelle Erkenntnisse zu Aspekten der deutschen Geschichte zu thematisieren und künftig auch die Perspektiven der ständigen Ausstellung in verschiedene Richtungen zu erweitern. Darüber hinaus erlaubten es die großen Wechselausstellungsprojekte der noch jungen Museumsinstitution unter der Leitung von Christoph Stölzl, schnell unverzichtbare und heute international gefragte Erfahrungen im Ausstellungsbetrieb zu gewinnen.

Der Fall der Mauer und die deutsche Einheit brachten im Jahre 1990 auch für das DHM einschneidende Veränderungen. Seit 1952 bestand das von der Staatsregierung der DDR ins Leben gerufene Museum für deutsche Geschichte (MfdG) im Zeughaus in Ost-Berlin. Auftrag dieses Hauses war es, auf Basis der Lehren des historischen Materialismus ein Geschichtsbild zu zeichnen und zu vermitteln, das den Bürgern der DDR den Weg zur Ausbildung eines neuen, sozialistisch geprägten Nationalbewusstsein weisen sollte. Als repräsentativer Rahmen für Ausstellungen diente der nach dem Krieg wieder instand gesetzte Barockbau des Zeughauses Unter den Linden. Die letzte Regierung der DDR schloss 1990 das Museum für deutsche Geschichte und entschied sich unter Anerkennung der Konzeption des DHM dafür, diesem noch im selben Jahr sämtliche Sammlungsbestände und Gebäude des MfdG, darunter auch die bis ins Mittelalter zurückreichenden Bestände des ehemaligen heeresgeschichtlichen Museums im Zeughaus, zur weiteren Bewahrung und Nutzung zu übergeben. Das Zeughaus wurde neuer Hauptsitz und Ort für die Realisierung der ständigen Ausstellung des DHM. Durch Zusammenführung der bereits aufgebauten umfangreichen DHM-Sammlungen mit den alten Beständen des Zeughauses und den neuen MfdG-Sammlungen zur Geschichte des Klassenkampfes entstand ein über 750 000 Stücke zählender Gesamtbestand von musealen Objekten, der in Vielfalt und historischem wie materiellem Wert nur wenigen anderen Museumssammlungen in der Welt vergleichbar ist.

Unter dem Titel »Bilder und Zeugnisse« eröffnete das DHM 1995 im Obergeschoss des Zeughauses eine Ausstellung, die durch eine exemplarische Auswahl von über 2000 Exponaten den erreichten Stand der Vorarbeiten für die Einrichtung einer ständigen Ausstellung dokumentierte. Aufgrund des großen Erfolgs beim Publikum blieb diese Ausstellung rund vier Jahre geöffnet. Die Sammlungs- und Planungsaktivitäten des DHM für sein Hauptprojekt waren jedoch noch nicht beendet.

1999 schloss das Zeughaus seine Pforten, um in den folgenden fünf Jahren durch Sanierung und technische Neuausrüstung zu einem Ausstellungsort zu werden, der nahezu alle Ansprüche an ein international renommiertes Museum des 21. Jahrhunderts erfüllt. Im Jahr 2000 startete der Anlauf zur Realisierung der ständigen Ausstellung, für die nach der Sanierung insgesamt rund 7500 qm Fläche im Zeughaus zur Verfügung standen. Im engen

Zusammenwirken mit den Mitgliedern der Sachverständigenkommission entwickelten die Leitung und die wissenschaftlichen Mitarbeiter des DHM die Struktur der Ausstellung, die im Jahr 2003 weitgehend abgeschlossen vorlag. Die Architekten Jürg Steiner (Entwurfsplanung) und später Christian Axt (Ausführungsplanung) betreuten die Gestaltung der Exponatpräsentation. Für die bauliche Umsetzung der Pläne und die Etatführung zeichnete seit 2002 das Bundesamt für Bauwesen und Raumordnung verantwortlich. Im Sommer 2005 begannen die Aufbauarbeiten für die Ausstellungsarchitektur, bevor das DHM schließlich in der Rekordzeit von nur rund drei Monaten, von Ende Februar bis Ende Mai 2006, die über 8000 Exponate an ihren präzise geplanten Präsentationsorten installieren und die ständige Ausstellung termingerecht eröffnen konnte.

Gliederung und Rundgang

Die Ausstellungsflächen erstrecken sich über die zwei Hauptgeschosse des Zeughauses. Auf einem Rundgang gelangt der Besucher durch eine Folge von chronologisch angeordneten Epochenbereichen, die sich in der langen Perspektive der Ausstellung zu einem Epochenüberblick über zwei Jahrtausende der deutschen Geschichte vereinigen. Im Obergeschoss finden sich Darstellungen zu den wechselnden Phasen deutscher Geschichte vom 1. Jahrhundert vor Christus bis zum Ende des Ersten Weltkriegs 1918. Das Erdgeschoss thematisiert die Zeit der Weimarer Republik, des NS-Regimes, der Nachkriegszeit sowie die Geschichte beider deutscher Staaten von 1949 bis zur Einheit 1990 und dem Abzug der Alliierten im Jahr 1994. Der Schlussbereich ist als Perspektivraum gestaltet, in dem Medieninstallationen die jeweils aktuellsten Nachrichten – Geschichte im Moment der Entstehung – einspielen und zudem im Wechsel neu erworbene Objekte des Museums gezeigt werden, welche die fortlaufenden Sammlungsaktivitäten des DHM dokumentieren.

Die räumliche Ausdehnung der Epochenbereiche ist nicht einheitlich gleich gesetzt, sondern entspricht anwachsend der Zahl der Menschen und überlieferten Artefakte. Bedingt durch rare Überlieferungen kann die Ausstellung im ersten Abschnitt bis etwa zum Jahr 1500 anhand aussagekräftiger Objekte, darunter viele archäologische Funde, zunächst nur exemplarische Ausblicke auf Herrschafts- und Lebensformen von den Zeiten der römisch-germanischen Besiedlung bis zum Spätmittelalter liefern. Ausgehend vom Zeitalter der Renaissance und der Reformation schafft der fortan ungleich größere Kreis der verfügbaren Exponate in den DHM-Beständen gute Voraussetzungen für immer umfassendere Einblicke in die historischen Prozesse der folgenden Jahrhunderte. Portraits, Ereignisbilder und politische Druckgraphiken entstanden damals als bewusste Zeugnisse von Geschichte.

Breiter Raum wird den zwölf Jahren der NS-Diktatur als dunkelstem Abschnitt der deutschen Geschichte eingeräumt. Das DHM ist derzeit als einziges Museum in Deutschland in der Lage, anhand seiner Exponate einen breiten Überblick über die politische und militärische Geschichte sowie die Funktions-mechanismen und Verbrechen des NS-Staates zu ermöglichen.

Ein großzügig dimensionierter Hauptweg mit weiten Sichtachsen durch Gebäude und Ausstellungsarchitektur erschließt die ständige Ausstellung in den Zeughaus-Geschossen. Dieser Hauptweg ist als ein informativer Rundgang konzipiert, in dessen Verlauf dem Besucher alle Epochenbereiche und die bedeutendsten Exponate sowie zugleich die wichtigsten Phasen der deutschen Geschichte vorgestellt werden. An den Hauptweg nach außen angegliedert, bieten sich ferner in jedem Epochenbereich zahlreiche Themen- und Vertiefungsräume zum ergänzenden Besuch an. Dort liefern weitere Exponate und Darstellungen eine Fülle ergänzender Informationen über die jeweils relevanten historischen Personen, wesentlichen Ereignisse und Abläufe. In einer dritten Informationsebene erweitern zudem speziell im Hause erarbeitete, innovative Multimedia-Angebote sowie museumspädagogische Stationen das inhaltliche Spektrum der historischen Darstellungen. Diese dreistufige Gliederung des Informationsangebotes der Ausstellung erlaubt es dem Besucher, individuelle Schwerpunkte in der Auseinandersetzung mit deutscher Geschichte zu setzen und den Rundgang ohne Wegezwänge durch die Fülle der Exponate zeitlich wie inhaltlich nach eigenen Interessen zu gestalten.

Das chronologische Rückgrad der ständigen Ausstellung formt ein speziell entwickeltes, didaktisches Informationssystem in Form einer Reihe von »Meilensteinen«. Entlang dem Hauptweg platziert, offerieren die als selbstleuchtende Stelen konzipierten »Meilensteine« mit quadratischem Grundriss auf jeder ihrer vier Seitenflächen grundlegende Informationen zu einem je-weils zugehörigen Epochenabschnitt. Knappe Einführungstexte werden ergänzt durch einen Zeitstrahl sowie verortende Karten und Statistiken, welche die geschichtlichen Entwicklungen verdeutlichen und verstehen helfen. Eine integrierte Münzvitrine präsentiert darüber hinaus Herrscherbildnisse und Staatssymbole auf den gängigen Zahlungsmitteln. Die Anordnung der »Meilensteine« ist so gewählt, dass stets der jeweils nachfolgende Meilenstein zu sehen ist und so zugleich eine weithin sichtbare, orientierende Markierungslinie auf dem Hauptweg gebildet wird.

Die Zielsetzungen der ständigen Ausstellung

Die Exponate in der ständigen Ausstellung des Deutschen Historischen Museums entstammen nahezu allen Bereichen der menschlichen Lebenswelt in Vergangenheit und Gegenwart. Als historische Zeugnisse geben sie dem Betrachter Kunde von vergangenen Dingen und als historische Zeugnisse werden sie in der Ausstellung nach ihren jeweiligen Informationsgehalten zur deutschen Geschichte befragt. Im Ergebnis werden anschauliche und den historischen Realitäten möglichst eng verpflichtete Schilderungen zu den verschiedenartigen Ereignissen und Lebensumständen jeder Epoche gewonnen. Die Blickrichtung der Befragung wechselt in Abhängigkeit von den prägenden politischen und gesellschaftlichen Fragestellungen jeder Zeit. Im Sinne einer angestrebten Multiperspektivität werden außerdem, wo immer möglich, unterschiedliche zeitgenössische Haltungen und Beurteilungen historischer Ereignisse nebeneinander gestellt, zuweilen auch kontrastiert.

Im deutlichen Gegensatz zu Nationalmuseen des 19. und 20. Jahrhunderts entsteht somit kein einseitiges, lineares oder zielgerichtetes Bild der historischen Prozesse, sondern eine epochenspezifisch differenzierte, historisch-kritische Nachzeichnung der vielfältigen Verläufe, Kontinuitäten, aber auch der Brüche und Fehlentwicklungen der deutschen Geschichte. Der Rahmen aller Betrachtungen ist dabei auf Europa erweitert, so dass die deutsche Geschichte durchgängig in ihrem europäischen Bezugsfeld dargestellt werden kann. Besuchern aus dem In- und Ausland soll auf diesem Wege die Möglichkeit eröffnet werden, tiefgehende Informationen zu allen wesentlichen Aspekten der wechselvollen Geschichte der Deutschen zu gewinnen, die als geeignete Basis für eine eigenständige Urteilsfindung und Auseinandersetzung dienen können.

Bei allen historisch bedingten Unterschieden im Detail geben die Darstellungen der ständigen Ausstellung immer wieder auch Auskünfte zu einem konzeptionell klar definierten Kreis von Grundkonditionen der politischen, kulturellen und gesellschaftlichen Existenz im deutschsprachigen Raum durch die Jahrhunderte. Um die Aufmerksamkeit für diese Themenfelder zu sensibilisieren werden von Beginn an acht Leitfragen herausgestellt, die als Hilfsmittel zur Erschließung der Fülle des Exponat- und Informationsangebotes dienen können:

- **Deutschland – wo liegt es?**
- **Die Deutschen – was hielt sie zusammen?**
- **Wer herrschte, wer gehorchte, wer leistete Widerstand?**
- **Woran glaubten die Menschen, wie deuteten sie die Welt?**
- **Wovon lebten die Leute?**
- **Wer mit wem gegen wen? Konflikt und Kooperation in der Gesellschaft**
- **Was führt zum Krieg, wie macht man Frieden?**
- **Wie verstehen die Deutschen sich selbst?**

Die Ausstellung beantwortet diese Fragen nicht explizit selbst, sondern überlässt es dem Besucher, anhand der Darstellungen zu eigenen Antworten und Interpretationen der Zusammenhänge zu gelangen. Die Geschichtsvermittlung erfolgt damit absichtsvoll nicht in dozierender Form und mit dem Anspruch auf absolute Wahrheiten, sondern als Anleitung zur eigenen Auseinandersetzung mit der Vergangenheit im Hinblick auf die Fragen unserer Zeit.

Grundsätzlich hat die Ausstellung nicht den Anspruch, eine umfassende Geschichte des Alltags, der Arbeit und der Lebensbedingungen zu leisten, sondern sie setzt sich die politische Geschichte als Thema, welche durch Herrscher, Politiker und verfasste Gemeinschaften gestaltet wurde und wird. Das Hauptaugenmerk gilt dabei den Städten und später den Parlamenten. Die wesentliche Verständigung erfolgt über Zeichen, Symbole und Bilder als eine politische Ikonographie.

Eine Darstellung zu 2000 Jahren deutscher Geschichte anhand von materiellen Hinterlassenschaften setzt grundsätzlich auch eine adäquate Auseinandersetzung mit den Objekten unter besonderer Berücksichtigung des jeweiligen historischen Zeugnischarakters voraus. Dokumente, Bücher, Gemälde und Stiche fertigte man in der Regel zeitversetzt zu den relevanten historischen Ereignissen an. Sie hatten ein bestimmtes Anliegen oder den dezidierten Auftrag, der Nachwelt eine absichtsvolle oder sogar irreführende Sicht auf Geschichte zu vermitteln. Kostbares Gerät, Prunkwaffen und andere Luxusobjekte fungierten meist trotz ihrer scheinbaren Gebrauchsform nicht als Gebrauchsgegenstände, sondern als hervorgehobene Zeichen im Zusammenhang zeremonieller Abläufe. Erst mit Kenntnis der wechselnden historischen Verwendung erschließt sich ihr Zeugniswert. Aus allen Zeiten sind zudem Objekte der Alltagskultur, darunter einfache Gebrauchsobjekte, Werkzeuge, Geschirre, Kleidungsstücke oder auch religiöse Kleinobjekte, die ursprünglich nie für eine Überlieferung durch die Jahrhunderte gedacht waren, aufgrund einer Verbindung mit Ereignissen der allgemeinen Geschichte oder mit einer Person von nachfolgenden Generationen bewahrt worden. Nicht selten geben uns heute Exponate dieser Art lebendiger und unmittelbarer Kunde von historischen Dingen, als alle anderen Quellen.

Um den Blick des Betrachters für derartige Interpretationsgrundlagen zu schärfen, stellt die Ausstellung jedes ihrer Exponate in einen Zusammenhang mit weiteren Objekten oder Objektgruppen, die den ursprünglichen Gebrauchs- bzw. Bedeutungszusammenhang wieder erfahrbar werden lassen. An ausgewählten Stellen präsentieren sich dem Besucher sogar ansatzweise Rekonstruktionen kleiner Ensembles, etwa einer mittelalterlichen Wohnstube, eines Residenzsaals des Barock, eines Wohnzimmers des Historismus oder zweier Raumensembles zur Lebensreform um 1900, jeweils unter Einbeziehung originaler Ausstellungselemente. Diese Kontextualisierung der Exponate stellt sich bewusst der formalästhetischen Isolierung von historischen Objekten in anderen Museen und Ausstellungen entgegen und stellt eine der zentralen Leitlinien der Ausstellungspraxis und -didaktik des DHM dar. In der ständigen Ausstellung bildet sie zugleich eine Grundlage für umfangreiche Darstellungen zu Aspekten der Kultur-, Mentalitäts- und Ideengeschichte, die mit den ereignisgeschichtlichen Darlegungen eng verwoben sind und deren Dokumentation ein weiteres Hauptanliegen bildet. Prinzipiell dienen alle Exponate nicht zur Illustrierung von historischen Erläuterungen, sondern bezeugen als Indizien des Geschichtsprozesses eine gelebte Wirklichkeit. Hier gilt es den Blick zu schärfen und sich auf die Aussagen der nichtverbalen Kommunikation der Exponate einzulassen. Die Sprache der Dinge ist unmittelbarer und klarer, als es scheint.

Anhand ausgewählter Exponate möchte das vorliegende Buch exemplarisch zeigen, wie Exponate im Rahmen der ständigen Ausstellung des DHM im Zeughaus von deutscher Geschichte im europäischen Kontext berichten. Mit den Texten verbindet sich die herzliche Einladung zum Besuch und zum Erleben eines besonderen Ausstellungsprojektes.

Die Sammlungen des Deutschen Historischen Museums

Dieter Vorsteher

»Die Bedeutung des Deutschen Historischen Museums steht und fällt mit dem erfolgreichen Aufbau einer aussagekräftigen Sammlung«, dieser Forderung von 1987, gesprochenen von den Gründungsvätern unseres Museums, steht heute eine der bedeutendsten Sammlungen zur deutschen Geschichte gegenüber. Zahlreiche Glücksfälle haben aus dem damaligen Sammlungsauftrag eine »Schatzkammer« erwachsen lassen. Bei allem Zuspruch für die moderne Museumsarchitektur von Ieoh Ming Pei und bei allem Respekt vor der barocken Fassade des Zeughauses wird die vielfältige Sammlung das Herz des Museums sein. Ihr Umfang und ihre Qualität sind für die Zukunft das größte Kapital des Deutschen Historischen Museums. Ihre Bedeutung erwuchs aus der Zusammenführung zahlreicher Spezialsammlungen, die zu einem beachtlichen Teil schon Generationen vor uns angelegt hatten.

Einer der großen Glücksfälle für das Deutsche Historische Museum war die Wiedervereinigung im Oktober 1990. Mit dem Umzug von Charlottenburg in das Zeughaus, Unter den Linden 2, erhielt es eine unerwartete Adresse in der Mitte der Hauptstadt Berlin. Mit diesem Ortswechsel war auch die Übernahme der Sammlungen des ehemaligen Museums für Deutsche Geschichte der DDR verbunden. Neben Sammlungen zur Staatsgeschichte der DDR, der Geschichte der Arbeiterbewegung, der KPD und SED hatten die »Fundusverwalter« des Museums für Deutsche Geschichte in vier Jahrzehnten unterschiedliche Spezialsammlungen anlegen können: zur Reformation und zu den Bauernkriegen, zur Plakatkunst sowie zur Alltagskultur.

Das DDR-Museum und seine Dauerausstellung sind nun Geschichte. Die Zusammenstellung der Objekte nach dessen Weltbild wurde im Frühjahr 1991 aufgelöst. Der ideologische Kitt zwischen den Objekten und deren Botschaft ist mit dem Untergang der DDR-Gesellschaft zerbrochen. Aus den Schauräumen der Ständigen Ausstellung, aus dem »Arsenal« des Klassenkampfes, sind die Exponate zurückgekehrt in die Magazine. Ein Ort, wo jeder Sammlungsgegenstand durch seine Vereinzelung zunächst neutralisiert und »entideologisiert« wird. Hier wird inventarisiert und erforscht, bewahrt und erhalten.

Die Sammlungen des ehemaligen Königlich Preußischen Zeughauses waren ein weiterer Glücksfall in der kurzen Geschichte des Deutschen Historischen Museums. Seit 1701 Trophäensammlung und Waffenarsenal der preußischen Könige, wurde das Zeughaus ab 1830 in einigen Räumen der vaterländischen Erinnerungskultur an die Befreiungskriege von 1813 bis 1815 gewidmet, um danach allmählich von einem neuen Gebäudetypus überformt zu werden – dem Museum. Das zur staatlichen Repräsentation und zur Darstellung fürstlicher Macht errichtete Gebäude zog nun das Interesse patriotischer Öffentlichkeit auf sich. Nach der Reichsgründung 1871 wurde es zum Ort der nationalen Sinnstiftung. Die 1886 durch Kaiser Wilhelm I. eröffnete Ruhmeshalle, geschmückt von Wandgemälden mit Szenen aus den Einigungskriegen von 1864 bis 1871 in der Nordhalle, und der nun

Blick in die erste Ausstellung des Deutschen Historischen Museums: »1. 9. 39 – Ein Versuch über den Umgang mit Erinnerung an den Zweiten Weltkrieg«

September 1989 in den Kellerräumen eines Industriehofes in Berlin Charlottenburg

überdachte Innenhof verwandelten das einstige Arsenal in ein preußisches Geschichtsmuseum.

Nicht nur das Haus, auch seine Sammlungen erhielten nach 1871 diese neue Aufgabe: Der Öffentlichkeit die Entstehung des deutschen Nationalstaates aus den Waffengängen der preußischen Feldherren und ihrer Fürsten zu erläutern. Aus Teilen der Sammlung, bestehend aus erbeuteten Trophäen und der eigenen Kriegstechnik, ließ sich ein Geschichtsbild zusammenstellen, das eine Übereinstimmung zwischen Fürsten und Staatsbürger konstruierte: Das preußische Königshaus hat die Ideen der Nationalbewegung in der Reichsgründung von 1871 verwirklicht. Das Gesammelte war nun nicht mehr bloß die zerschlissene Kopfbedeckung eines Soldaten aus den Befreiungskriegen von 1813 bis 1815 oder ein zerkratztes und verbeultes Zündnadelgewehr aus dem Deutsch-Französischen Krieg, sondern ein patriotisches Zeugnis aus einem der »heiligen Waffengänge« der Nation. Ihren Zauber und ihre Magie erfuhren diese Gegenstände aus der Aufstellung und Zurschaustellung in den Hallen des zum Nationalmuseum umgebauten Zeughauses.

»Kunst- und Rüstkammer« im Obergeschoss des Zeughauses, Nordflügel
Michael Karl Gregorovius, 1835, Öl, Leinwand, Potsdam, Stiftung Schlösser und Gärten Sanssouci (GK I 3893)

Was für zwei Generationen Relikt der vaterländischen Geschichte war, wurde späteren Besuchern zu Teufelszeug. Eine erste Entmilitarisierung erfuhren die Museumsmitarbeiter wie auch die ausgestellte Sammlung nach 1919 in der Weimarer Republik.

Zwanzig Jahre später wurde das Zeughaus wiederum Bühne für erbeutetes Material aus den ersten Kriegszügen der deutschen Wehrmacht. Nach zwei verlorenen Weltkriegen waren dann allerdings die Erinnerungen an das Deutsche Kaiserreich und an das »Dritte Reich« ähnlich aus- und aufgeräumt wie das Zeughaus selbst. Die Sammlungen waren verlagert oder geraubt. Selbst das leere Gebäude musste, nun als ein Symbol des Militarismus, um seinen Abriss fürchten.

Der Verlust der kompletten Zeughaussammlung schmerzte nach 1945 kaum eine gesellschaftlich relevante Gruppe in der jungen DDR, außer einigen Militärhistorikern. Als 1958 nur ein kleiner Teil der 1945 beschlagnahmten Sammlung aus der UdSSR an die DDR zurückgegeben wurde, führte diese Sammlung von Militaria unter den inzwischen entstandenen anderen Sammlungen des 1952 gegründeten Museums für Deutsche Geschichte eine Randexistenz. Für Ausstellungszwecke dienten ihre Objekte lediglich als Requisite, als Illustration der Klassenfeinde und der Feindbilder namens Feudalismus, Absolutismus und Fürstenstaat, Preußentum und Militarismus, Imperialismus und Faschismus. Dass dieser historische Objektbestand aber auch vielfältig Auskunft geben kann über Waffentechnik, Militärstruktur, Strategie, Repräsentationsformen, über Kunsthandwerk, Manufakturwesen und über vieles mehr, findet bis heute nur zaghafte Akzeptanz.
Die Sammlung aus den ursprünglichen Zeughaus ist ein herausragendes Dokument der europäischen Macht- und Konfliktgeschichte. Für das Deutsche Historische Museum ist diese älteste Quelle seiner Sammlungsgeschichte Herausforderung und Aufgabe zugleich. Sie bedarf der Pflege, der Ergänzung und auch der Fahndung nach verschollenen Stücken und Beständen.

Der dritte und vorerst wahrscheinlich letzte Glücksfall betrifft die Erwerbungen des Deutschen Historischen Museums selbst. Der Aufklärung und dem europäischen Gedanken der Völkerverständigung verpflichtet, soll unser Museum die deutsche Geschichte im Kontext mit unseren Nachbarn in einer Ständigen Ausstellung veranschau-

Waffensammlung im Obergeschoss des Zeughauses
Oktober 1916

Geschütze des 17. und 18. Jahrhunderts im Erdgeschoss des Zeughauses, Ostflügel
1930

lichen. Dieses Ziel konnte nunmehr im Sommer 2006 verwirklicht werden. Die Dimension einer europäischen Geschichtsbetrachtung hat den Blick in unsere gemeinsame Vergangenheit weit geöffnet. Darin unterscheiden wir uns erheblich von den Ansätzen der beiden vorangegangenen Institutionen. Beim Aufbau seiner Sammlung schaute das Deutsche Historische Museum zurück auf die gesamteuropäische Reichsgeschichte seit Karl dem Großen, als eine Idee zur Gestaltung Europas, auf die Idee einer »Monarchia universalis« Karls V. zu Beginn der frühen Neuzeit und auf das Haus Habsburg, auf die Auflösung des Heiligen Römischen Reiches deutscher Nation 1806 durch Napoleon und auf die Entstehung der Nationalstaaten im Europa des 18. und 19. Jahrhunderts. Hegemonialansprüche und das Ringen um ein Mächtegleichgewicht ziehen sich wie ein widerstreitendes Kontinuum durch die europäische Geschichte. Der janusköpfige Anblick des 20. Jahrhunderts mit seiner blutigen und grausamen ersten Hälfte und der von Versöhnung und Friedenspolitik geprägten zweiten Hälfte, findet im Bestand der Sammlungen wie auch in der Ständigen Ausstellung breite Darstellung.

Für diese weitgesteckte Aufgabe konnte das Deutsche Historische Museum aussagekräftige Objekte erwerben. Was seit 1987 ersteigert, erworben, mit guten Worten beschafft und kriminalistisch erspürt wurde, was uns geschenkt und

Die Ausstellung »Revolution 1848« im Museum für Deutsche Geschichte
vor dem Abbau, 1990

auf was wir hingewiesen wurden, war nicht nur einzigartig und ohne Vorbild, sondern würde heute in vielen Fällen so nicht mehr möglich sein. Das »Finder-

glück« am Deutschen Historischen Museum stand unter einem guten Stern und ließ Zweifler und Kritiker verstummen. Erst diese Sammeltätigkeit wurde dem Auftrag gerecht, deutsche Geschichte im europäischen Kontext zu vermitteln.

Sammeln, Bewahren und Ausstellen, so schlicht diese althergebrachte Maxime auch klingen mag, sie ist auch heute noch das Geheimnis erfolgreicher Museumsarbeit. Dem Letzten, dem Ausstellen, misst die Öffentlichkeit das größere Gewicht zu. Museen beziehen ihre Attraktivität und ihre Publikumsgunst aus dem Ausstellen und selten aus der versteckten Leidenschaft des Sammelns und der Mühsal des Bewahrens. Insofern erfährt das Sammeln seine Legitimität vorrangig aus der Zurschaustellung, aus der Präsentation des Gesammelten in den Ausstellungen. Zum Museumserlebnis gehören natürlich auch die Gehäuse – Museumsbauten, die einem den Atem stocken lassen. Aber was wären die schönsten Museumsbauten ohne eine Sammlung? Sie wären wie Kirchen ohne Gott, wie Philharmonien ohne Töne – ohne Sammlung keine Museen.

Die Ausstellung »Eisenkleider« im Deutschen Historischen Museum
1992

In Zahlen besitzt das Deutsche Historische Museum über 800 000 Gemälde, Grafiken, Plakate, Dokumente, technische Geräte, Militaria, Textilien und Objekte der Alltagskultur und des Kunsthandwerkes. Eine historische Fachbibliothek, mit mehr als 200 000 Bänden und ein in den 90er Jahren zusammengetragenes Bildarchiv mit 500 000 Fotografien – von Objekten der Sammlung und zur Ereignisgeschichte des 20. Jahrhunderts – sowie über zwei Millionen Negative dienen der Forschung und der interessierten Öffentlichkeit. Die online Datenbank verzeichnet über 200 000 Datensätze, fast die Hälfte von ihnen ist mit Abbildungen verknüpft. Von dieser reichen und umfangreichen Überlieferung gelangten 8000 Exponate in die jetzige Ständige Ausstellung. Ist da nicht der Umfang der Sammlung zu kritisieren? Steht der

Aufwand für die Sammlungspflege und Sammlungserweiterung nicht in einem krassen Missverhältnis zum Nutzen?

Sammeln bedeutet, Fragen aufzuspüren. Damit darf man nicht aufhören. Selbst wenn die Ständige Ausstellung eröffnet ist, werden die Fragen an unsere Gegenwart und an unsere gemeinsame Geschichte nicht enden. »Wer in der Zukunft lesen will, muss in der Vergangenheit blättern« (André Malraux). Eine Ständige Ausstellung bedeutet auch nicht Stillstand der Objekte und der Gedanken – denn die Fragen von heute werden morgen schon andere sein, und der Sammler weiß: Was wir heute nicht sammeln und nicht aufbewahren, kann in Zukunft nicht mehr befragt und schon gar nicht ausgestellt werden. Neben Beharrlichkeit und Kontinuität, prägen den Vorgang des Sammelns vor allem Wissen, Sensibilität und Vision: Das Wissen um eine Vergangenheit, das seismographische Erspüren von Wegmarken in der Gegenwart und eine Ahnung von kommenden Fragen in neuen Gesellschaften. Beim Sammeln entscheiden wir bewusst – teils aber auch unbewusst – über die Erinnerungsfähigkeit und die Erinnerungsinhalte zukünftiger Generationen. Wir prägen ihre Erinnerung an unsere eigene Gegenwart. Wer heute nicht sammelt, den wird es morgen nicht mehr geben. Sammeln ist eine Lebensnotwendigkeit, für die Erinnerung an die eigene Familiengeschichte genauso wie für eine ganze Gesellschaft oder eine Nation. Die »damnatio memoriae« hingegen, das erzwungene Vergessen, kommt einer Todesstrafe in der Geschichte gleich.

Das Sammeln von Zeugnissen der Geschichte selbst ist ein erprobter und für jede Gesellschaft notwendiger Prozess. Seine Anfänge reichen weit zurück in die Entwicklungsgeschichte der Gesellschaften. Mit einem Wort: Nur wer sammelt, hat Bestand vor der Geschichte. Als unparteiischer Chronist – das ist zumindest unser Anspruch – sammelt das Deutsche Historische Museum auch Bilder und Zeugnisse stellvertretend für jene, die nicht das Privileg und nicht die Muße besitzen, Sammlungen anzulegen.

Sammeln ist ein Akt der Selbstvergewisserung und Standortbestimmung im Heute, ein Suchen nach Spuren von möglichen Bündnispartnern in vergangenen Zeiten. Es ist ein Aufspüren von Lebenszeichen und Lebensentwürfen ungezählter Biographien, von Taten und von Ideen. Wer sammelt dokumentiert Leitbilder, hält den Nachruhm ausgewählter Vorbilder wach und bewahrt Regieanweisungen für Handlungsnotstände und Varianten zum Überlebenstraining.

Sammeln, das ist ein Lauschen auf Klopfzeichen aus der Vergangenheit. Jede Sammlung ist eine »Arche Noah«. Ihre Ladung beherbergt Erinnerungswelten, die Kraft und Hoffnung geben für unser heutiges wie auch für ein zukünftiges Leben. Sammler sind Seher, Hüter und Wahrsager. Durch unsere Sammlungen zimmern wir mit an den Häusern und Hütten zukünftiger Gesellschaften. Das neue Ausstellungsgebäude und die reichhaltigen Magazine mögen für diese Aufgabe eine tragfähige »Arche Noah« werden, eine Flaschenpost für unsere Enkel und Urenkel.

In der Zeit um Christi Geburt lebten in Mitteleuropa im Norden Germanen, im Süden und Westen Kelten. Durch das Vordringen der Germanen über die Mittelgebirge und die Expansion der Römer bis an Rhein und Donau verloren die Kelten ihre politische und kulturelle Eigenständigkeit.

Die Römer waren später auf Dauer nicht in der Lage, dem Druck der Germanen zu widerstehen. Mit der Absetzung des letzten

100 v. Chr. – 1500

weströmischen Kaisers 476 begann der Niedergang des römischen Staates im westlichen Europa. Die Kultur der römischen Spätantike aber ging nicht unter, sondern formte in einem Umwandlungsprozess das spätere Europa. Traditionen und Siedlungsformen der Römer wie auch der Kelten und Germanen blieben bis heute lebendig.

In den Augen vieler Menschen des Mittelalters aber war das Römische Reich nie untergegangen. In Gestalt des später so bezeichneten Heiligen Römischen Reiches deutscher Nation existierte es fort, überdauerte die Reformation an der Schwelle vom Mittelalter zur Neuzeit und ging erst 1806 in den Napoleonischen Kriegen endgültig unter. Es bildete den Bezugsrahmen politischen Handelns in Deutschland, auch wenn sich seine Defizite mehr und mehr zeigten. Am Ende des Mittelalters aber hatte das Reich als Konsequenz innerer Reformbestrebungen jenes notwendige Maß an Staatlichkeit gewonnen, das es ihm ermöglichte, den Herausforderungen zu begegnen, die aus der Glaubensspaltung und aus der Auseinandersetzung mit den anderen europäischen Mächten entstanden.

Kelten, Germanen und Römer

Das Siedlungsgebiet der Kelten reichte von Frankreich über West- und Süddeutschland bis nach Ungarn. Die Kelten lebten bereits in stadtähnlichen Siedlungen, aber auch in Einzelhöfen und Dörfern. Ihr Fernhandel verband Mittelmeer und Ostsee. Unter dem Druck von Römern und Germanen verschwanden die Kelten allmählich. In Süd- und Westdeutschland verschmolz die keltische mit der römischen Kultur.

Das Ursprungsgebiet der Germanen lag an der Ostsee. Um Christi Geburt waren sie schon weit nach Mitteleuropa vorgedrungen. Anders als die Kelten wurden sie nicht romanisiert, denn die römische Eroberung des nördlichen Germaniens war im Jahr 9 n. Chr. in der Varusschlacht gescheitert.

Germanen und Römer begegneten sich auf vielfältige Weise, in Konfrontation wie in Annäherung. Viele Germanen suchten die Nähe zur römischen Kultur. Sie dienten als Söldner im römischen Heer oder übernahmen mit der Lebensart der Römer auch deren Vorstellungswelt. Die Germanen wurden Erben der antiken römischen Zivilisation.

Das Römische Reich verband große Teile Europas und schuf ein einheitliches Währungs- und Rechtssystem. Fortgeschrittene Technik, hoher Organisationsgrad und die auf Schrift basierende Kultur der Römer wirken bis heute. Neugegründete Städte waren Zentren von Handel und Politik. Reste von Straßen, Brücken, Toren und Wasserleitungen haben sich bis heute erhalten.

Bereits im zweiten Jahrhundert bildeten sich in römischen Städten wie Trier, Köln und Augsburg christliche Gemeinden. Die Kirche wurde zum Mittler zwischen Antike und Mittelalter.

Vogelfibel
Mülhofen, Kreis Mayen-Koblenz
6. Jahrhundert, Silber, Glaseinlage
Leihgabe des Museums für Vor- und Frühgeschichte, Staatliche Museen zu Berlin – SPK (Foto: C. Plump)

Die Germanen gliedern sich in west-, nord- und ostgermanische Stämme. Texte und Grabfunde zeugen von ihrer Gesellschaftsordnung. Eine dünne Adelsschicht übte die Herrschaft aus. Um den Adel sammelte sich eine Gefolgschaft junger Männer. Die Masse der

Bevölkerung lebte als wehrfähige freie Bauern. Die Schriftquellen kennen aber auch Unfreie und Sklaven. Frauen nahmen eine nachgeordnete Rolle in der Gesellschaft ein, hatten jedoch oft ein beachtliches persönliches Eigentum. Die Männer trugen gegürtete knielange Kittel und lange Hosen, die Frauen längere, unter der Brust gegürtete Kleider. Die Mäntel wurden auf der Schulter von Metallfibeln gehalten. Die Bewaffnung bestand aus einem hölzernen Speer mit eiserner Spitze, einem Lang- oder Kurzschwert und einem bemalten Schild. Helme dagegen wurden nur von wenigen Adligen getragen.

Fußbodenmosaik aus einem Haus im römischen Trier
Trier 225/250
Stein- und Glasmosaiksteine
Leihgabe des Rheinischen Landesmuseums Trier, wiederhergestellt mit Hilfe der Ernst von Siemens Stiftung

Merkmal römischer Zivilisation war die Stadtkultur. An Rhein und Donau entlang zogen sich Stützpunkte des römischen Militärs mit befestigten Lagern. Im Schutz des »Limes« entstanden Städte als Zentren von Militär, Verwaltung, Religion und Handel. Ihre Architektur zeugt in ihren funktionalen Steinbauten, Straßen, Brücken und Wasserleitungen von einer Kultur, deren Qualität später lange unerreicht blieb. Nach Ende der römischen Herrschaft behielten viele Städte als Bischofssitze zentrale Bedeutung.

Wichtig für die Versorgung der Städte und Kastelle waren Gutshöfe, die »villae rusticae«, die oftmals an Veteranen der römischen Armee vergeben wurden. Sie bestanden zumeist aus einem Wohngebäude, einem Badehaus und Wirtschaftsbauten. Kennzeichen römischer Lebenskultur in Stadt und Land waren aufwändig gearbeitete Mosaikfußböden.

Graburne in Amphorenform
wohl Köln 3./4. Jahrhundert
Glas
(1986/34)

Bei den Römern wurden die Erwachsenen in der Regel nach ihrem Tod verbrannt und in einer Urne beigesetzt. Die Beigaben kamen verbrannt oder unverbrannt hinzu. Die römische Gesetzgebung sah vor, dass die Bestattungsplätze außerhalb der Siedlungen angelegt werden mussten. Häufig säumten sie die Fernstraßen, wie etwa die berühmte Via Appia bei Rom oder auch die von Trier nach Köln durch das Rheintal verlaufende, zum Limes gehörende Nachschub- und Handelsroute.

Graburnen wurden ursprünglich aus keramischem Material hergestellt. Reiche Römer bevorzugten jedoch Glas. Das Material war ausgesprochene Luxusware und wurde sonst nur für Trinkgefäße, Flaschen und zur Aufbewahrung von Kosmetikartikeln verwendet. Urnen aus Glas gab es auch im Kölner Raum, wo ab 200 besonders qualitätvolles Glas hergestellt wurde.

Von den Völkerwanderungen bis zu Karl dem Großen

Mit dem Einfall des asiatischen Reitervolks der Hunnen begann 375 eine Zeit der Unruhe, die erst um 500 zu Ende ging. Naturkatastrophen, Klimaveränderungen, Bevölkerungswachstum und soziale Spannungen führten ab dem vierten Jahrhundert zu Wanderungen großer Menschengruppen aus Nord- und Osteuropa nach Süden. Das Römische Reich konnte sie weder an seinen Grenzen abwehren noch im Inneren integrieren. Um 500 löste sich das Imperium Romanum auf. Einige germanische Völker gründeten auf seinem Boden eigene Königreiche, die über viele Generationen Bestand hatten.

Als dauerhaft erwies sich das Reich der zum Christentum übergetretenen Franken, das im fünften Jahrhundert an Rhein und Seine entstand. Der Frankenkönig Pippin der Jüngere begründete 754 das Bündnis mit dem Papst, ohne das die Erneuerung des römischen Kaisertums durch den Frankenkönig Karl den Großen nicht möglich gewesen wäre.

Karl der Große dehnte das Frankenreich auf große Teile West-, Mittel- und Südeuropas aus. Im Jahre 800 krönte der Papst ihn als den Herrscher des mächtigsten Reiches im westlichen Europa in Rom zum Kaiser. Die fränkischen und später die deutschen Könige und Kaiser wurden damit die Schutzherrn der Christenheit. Mit der Kaiserkrönung ging nach damaliger Vorstellung die Weltherrschaft der Römer auf die Franken über.

Im neunten Jahrhundert teilten die Nachfolger Kaiser Karls des Großen das Reich unter sich auf. Daraus entstanden später Deutschland, Frankreich und Italien.

Westgotische Adlerfibel
6. Jahrhundert
Bronze
KG 97/62

Ab dem fünften Jahrhundert entstanden in den römischen Provinzen rund um das westliche Mittelmeer germanische Königreiche: das der Vandalen in Nordafrika, der Westgoten in Spanien, der Ostgoten in Italien und der Langobarden in Norditalien. 711 unterlagen die Westgoten in Spanien den Mauren, 774 die Langobarden den Franken in Pavia.

Die Germanen bildeten in diesen Reichen nur eine dünne Oberschicht, die bald die dort herrschenden Sitten, Gebräuche und Religion annahm und mit der ansässigen Bevölkerung verschmolz. Sie trugen so zum Transformationsprozess der römischen Zivilisation bei.

Die Goten hatten das Adlersymbol auf ihrer Wanderung durch Südrussland von den Völkern Vorderasiens übernommen. Der Adler war zugleich Herrschaftszeichen der Römer und somit Bedeutungsträger beider Kulturen. Adlerfibeln sind der typische Gewandschmuck der Germanen der Völkerwanderungszeit.

Fragment des Heliand-Liedes
um 830
Handschrift, Pergament
R 56/2537

In den Bischofsstädten am Rhein überlebte das Christentum den Untergang des Römischen Reiches. Auf diese Städte stützte sich die Mission der Gebiete östlich des Rheins, die vorwiegend von irischen, schottischen oder angelsächsischen Missionaren geleitet wurde.

Der Vermittlung des Glaubens dienten volkssprachliche Texte, die zu den frühesten Zeugnissen der deutschen Sprache zählen. Zu ihnen gehört der »Heliand«, ein vor der Mitte des neunten Jahrhunderts in Stabreimen verfasstes Epos aus 6000 Versen in altsächsischer Sprache. Überliefert sind zwei fast vollständige Exemplare und vier Fragmente.

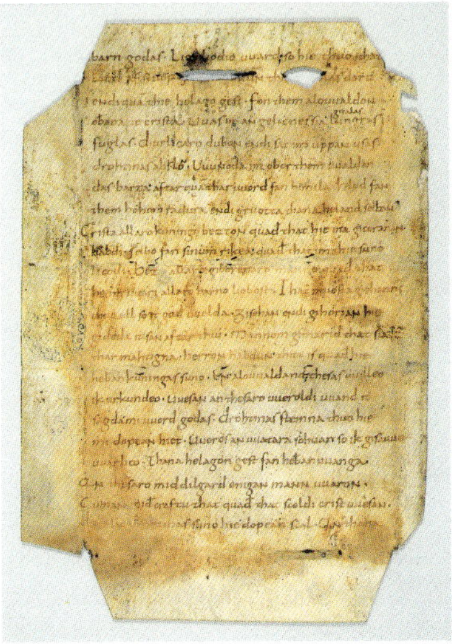

Reichsdenar Kaiser Ludwigs des Frommen (778–840)
814–840
N 2000/45

Die Franken vermittelten als Erben weströmischer Herrschaft in Recht und Verwaltung sowie im Steuer- und Münzwesen wichtige Zivilisationsleistungen der Römer ins Mittelalter.

Zum Frankenreich gehörten das heutige Frankreich, Süd- und Westdeutschland sowie die Niederlande, Belgien und die Schweiz. Kaiser Karl der Große dehnte es nach Norden, Osten und Süden aus. Von 772 bis 804 führte er Kriege gegen die Bayern und Sachsen, gegen die Langobarden in Italien, die vordringenden Araber in Spanien sowie gegen die Awaren in Ungarn.

Viele Reformen und Einrichtungen aus seiner Regierungszeit überdauerten das Ende des Karolingerreiches. Der von den Karolingern eingeführte silberne Pfennig blieb bis in das 13. Jahrhundert die bestimmende Münze. Die Symbolzeichen Kreuz und Kirche waren lange Zeit üblich.

Kaiser und Reich

Das Heilige Römische Reich galt als eine von Gott gewollte Herrschaftsordnung, die gleichermaßen religiöse und politische Aufgaben erfüllte. Als Fortsetzung des römischen Reiches, des letzten der vom Propheten Daniel prophezeiten Weltreiche, kam ihm heilsgeschichtliche Bedeutung zu.

Seit Anfang des 10. Jahrhunderts gab es einen deutschen König. Er wurde in einer Mischung aus Wahl- und Geblütsrecht von den mächtigsten Fürsten des Reiches gewählt. 962 gelang es dem aus Sachsen stammenden König Otto I. die römische Kaiserwürde auf das Reich der Deutschen zu übertragen. Aber ohne Mitwirkung des Papstes konnte kein deutscher König Kaiser werden. Die Verschränkung von deutscher Thronfolge und päpstlicher Kaiserkrönung wurde zu einem Wesensmerkmal des Kaisertums. Die Kaiserkrönung verlieh dem deutschen König sakrale Würde, aber keine Herrschaftsrechte. Was den Kaiser auszeichnete, war ein Vorrang an Ehre und die Würde des Schutzherrn der europäischen Christenheit. Die kaiserliche Gewalt war mit der Königsgewalt identisch. Daraus erwuchs eine gedankliche Verschmelzung zwischen deutschem Königtum und römischem Kaisertum.

Unterschiedliche Auffassungen über den Umfang der beiderseitigen Rechte von Papst und Kaiser verursachten schwere Konflikte. Sie prägten die deutsche Geschichte des Mittelalters.

In der Mitte des 13. Jahrhunderts geriet das Königtum in die Abhängigkeit aufstrebender Fürsten. Moderne Staatsbildung wurde in Deutschland Sache der zunehmend eigenständiger handelnden Landesherren.

Idealbildnis Kaiser Karls des Großen (gest. 814) im Krönungsornat
Albrecht Dürer(Nürnberg 1471–1528 Nürnberg) und Werkstatt
Nürnberg, signiert und datiert 1514
Öl, Lindenholz
Gm 2003/8

Im Mittelalter führte man die Gründung des Heiligen Römischen Reiches deutscher Nation auf Kaiser Karl den Großen zurück. Man nahm an, dass auch die Reichskrone und andere Teile der Reichskleinodien auf ihn zurückgingen. Zum Kronschatz gehörten Reichskrone, Reichsapfel, Zepter, Reichs- und Zeremonienschwert, die Heilige Lanze sowie Reliquien und Krönungsgewänder, die in Wirklichkeit zu verschiedenen Zeiten entstanden waren.

Die Kleinodien wurden bei Krönungen und hohen Festen getragen. Sie hatten sakrale und politische Bedeutung. Zeitgenossen betrachteten sie als Verkörperung des Reiches. Kaiser Sigismund brachte sie 1424 nach Nürnberg. Alljährlich wurden die Reichskleinodien dort als »Heiltümer« öffentlich gezeigt. Albrecht Dürer schuf für ihren Aufbewahrungsort großformatige Bildnisse der Kaiser Karl und Sigismund, von denen zahlreiche Werkstattkopien kleineren Formats erhalten sind.

Spätbyzantinisches Prozessionskreuz

Dalmatien 1. Hälfte 13. Jahrhundert
Bronze
KG 99/165

Jerusalem und die anderen heiligen Stätten in Palästina waren die wichtigsten Ziele christlicher Wallfahrer. 1076 eroberte die türkische Fürstendynastie der Seldschuken das Heilige Land und behinderte den Zugang nach Jerusalem. 1095 forderte darauf Papst Urban II. den europäischen Adel zum Kreuzzug und zur Befreiung des Heiligen Landes auf. In der Folge unternahmen zwischen 1096 und 1270 französische, englische und deutsche Ritter sieben große Kreuzzüge, um die heiligen Stätten der Christen und Jerusalem zu erobern. Die Kreuzfahrerstaaten in Palästina existierten nur bis 1291. Die grausam geführten Kreuzzüge blieben am Ende erfolglos, da das Heilige Land nicht dauerhaft besetzt werden konnte.

Die Kreuzzüge förderten aber auch den Austausch zwischen dem west-lich-lateinischen, dem griechisch-orthodoxen und dem islamischen Kulturkreis. Begriffe wie Algebra, Tarif, Bazar oder Scheck gehören für Europa genauso zu den Ergebnissen dieser Begegnung wie arabische Zahlen und dezimales Rechnen.

Der Vierte Kreuzzug 1202–1204 hatte Ägypten zum Ziel, doch gelang es der Republik Venedig, die Teilnehmer in den Dienst der eigenen Politik zu stellen und zur Eroberung von Konstantinopel 1204 zu bewegen. Schon 1202 hatten die Kreuzfahrer für Venedig das dalmatinische Zadar erobert. Von dort stammt wahrscheinlich das Prozessionskreuz.

Topfhelm

Dargen/Usedom 2. Hälfte 13. Jahrhundert
Eisen
W 1003

Um 800 verlief die östliche Reichsgrenze an Elbe und Donau. Östlich davon lebten Slawen, Balten und Ungarn. Von der Mitte des 12. bis zum Ende des 14. Jahrhunderts dehnte sich

der deutsche Sprach- und Siedlungsraum um ein Drittel nach Brandenburg, Pommern, Ostpreußen, nach Schlesien, Österreich und bis nach Ungarn aus. Bauern, Kaufleute und Handwerker aus dem dichter bevölkerten Westeuropa zogen nach Osten.

Meist wurde die Besiedlung von »Lokatoren« organisiert und erfolgte auf Initiative der einheimischen Landesherren. Diese Bewegung verlief in den meisten Gebieten friedlich. Nur zwischen Elbe und Oder sowie in Preußen gingen der Besiedlung die Missionierung und oftmals auch Gewalt voraus. Wichtig für den Erfolg der Siedler war nicht die Nationalität, sondern ihr Können als Bauern, Handwerker oder Kaufleute. Sie brachten die ertragreichere Dreifelderwirtschaft und technische Neuerungen wie den Eisenpflug mit.

Im 13. Jahrhundert begann auch die Besiedlung der bis dahin slawischen Odermündung durch Deutsche.
Der Topfhelm wurde in Dargen auf Usedom geborgen und gehörte wahrscheinlich zur Ausrüstung eines deutschen Ritters.

ſten aller kriege vnd arckwan die vnder jnen mechten vffſtōn/ von dē
vorgang/ vnd vm̄ die wirdigkeit ires ſitzens in keiſerlichem oder kü-
nigclichem hofe/ hienoch vnd fürbas mer zü ewigen zyten abſyn· vn̄
ſy in gerüwiger wyſe hertzen vnd gemüttes belyben · die wir koum
betrachten mögen/ mit gemeinem gunſt flyſſe vnd tugentſamer lieb
die notturft des heiligen rychs/ zü troſt criſtenem volck· So ſetzē wir
mit vorbetrachtung mit allen kurfürſten geiſtlichen vnd weltlichen/
mit irem rate· vnd von volkomenheit keiſerliches gewaltes beſtetigē
wir mit diſem geſetzte/ ewigclich zewerende· Das die ertzbiſchöffe ſöl-
lent vnd mögent ſitzen in allen offenlichen künigclichen vnd keiſerli-
chen geteten/ an gerichten leben zelyben/ zü tiſch eſſen/ in reden· vnd
bj

Kaiser und Kurfürsten beim Krönungsmahl
Illustration aus der »Goldenen Bulle«
Straßburg 1485
RA 05/420, Bl.7r

Das Heilige Römische Reich des Mittelalters war kein Staat, sondern ein Personenverband, an dessen Spitze der gewählte König oder Kaiser als Oberhaupt stand. Fürsten, Grafen und Herren des Reiches waren mit dem König durch persönliche Rechtsbeziehungen verbunden. Einen Teil ihrer Rechte verdankten sie Ämtern, die ursprünglich verliehen, im Laufe der Zeit erblich wurden. Daneben besaßen die Fürsten auch frei verfügbares Eigengut.

Durch Kauf, Erbschaft und Eroberung entstand die Landesherrschaft, innerhalb derer die wichtigsten Rechte in der Hand des jeweiligen Landesherren lagen. Aus der Landesherrschaft ging der moderne Flächenstaat hervor, in dem der Fürst Herrschaft über Land und Leute beanspruchte. Vertreter von Adel, Geistlichkeit, Bürgern und freien Bauern konnten auf Landtagen die Interessen ihrer Stände vertreten.

Ursprünglich durften alle Reichsfürsten den König wählen. Seit 1356 regelte die »Goldene Bulle« Kaiser Karls IV. die Thronfolge. Der neue König wurde fortan von sieben Kurfürsten gewählt: den Erzbischöfen von Mainz, Köln und Trier, dem Pfalzgraf bei Rhein, dem Herzog von Sachsen, dem Markgraf von Brandenburg und dem König von Böhmen.

Die ursprünglich lateinisch verfasste »Goldene Bulle« blieb bis 1806 Grundlage der Verfassung des Reiches. Schon im 15. Jahrhundert wurde sie in deutscher Sprache gedruckt.

Kaiser Maximilian I. (1459–1519)
Bernhard Strigel (Memmingen um 1460–1528 Memmingen)
Memmingen 1496
Öl, Holz, Pergament
1988/1493

1273 wurde Graf Rudolf von Habsburg zum König gewählt. Er entstammte einem Adelsgeschlecht, für das die Burg Habsburg im schweizerischen Aargau namengebend war. Zeitgenossen schätzten ihn als Friedenskönig. Durch seine Sorge um Landfrieden und Rückführung des seit dem Untergang der Staufer entfremdeten Reichsgutes machte er sich um das Reich verdient. Durch Ausbau einer starken Hausmacht und Gewinn des Herzogtums Österreich begründete er den Aufstieg seines Hauses, das bis zum Untergang des Alten Reiches 1806 fast alle römischen Kaiser stellen sollte.

Ein glanzvoller Herrscher aus habsburgischem Geblüt war ab 1494 Kaiser Maximilian I., den Zeitgenossen und Nachfahren zum »Letzten Ritter« verklärten. Mit staunenswerter Beharrlichkeit bemühte er sich um die Wiederherstellung des universalen Reiches. Indem er seine Erbländer modernisierte, das angeheiratete burgundische Erbe behauptete und das spanische Erbe anbahnte, legte er den Grund für das Weltreich Kaiser Karls V., seines Enkels.

Maximilian verstand es, führende Maler, Bildhauer und Formschneider des Reiches als Propagandisten in den Dienst seiner Ambitionen zu stellen.

Ausschreibung des Reichstags nach Worms für das Jahr 1509

Köln 14. Juli 1508
Do 97/278

Die Ohnmacht des Kaisers war im 15. Jahrhundert sprichwörtlich geworden. Reform tat not, um die politische und militärische Handlungsfähigkeit des Reiches wiederherzustellen. Unterschiedliche Reformvorstellungen zwischen dem König und den Reichsständen blockierten die Suche nach Lösungen. Maximilian wollte die Stärkung monarchischer Zentralgewalt, die Stände wollten die Mitregierung und die Macht des Kaisers beschränken. Auf dem Wormser Reichstag wurde 1495 ein Vergleich gefunden.

Die Grundlage des Reformwerkes bildete der »Ewige Landfriede«. Fürsten und Adlige sollten fortan ihre Konflikte nicht mehr durch Gewalt lösen, sondern auf dem Rechtsweg vor dem neu geschaffenen Reichskammergericht austragen. In der »Handhabung Friedens und Rechts« wurde der Kaiser in allen wichtigen Entscheidungen an die Beschlüsse eines jährlich zusammentretenden Reichstages gebunden.

Der ursprünglich als Vertretung der Reichstände nur selten einberufene Reichstag wurde in seiner Funktion institutionalisiert und gewann an Bedeutung. 1508 berief Maximilan einen Reichstag nach Worms ein, von dem er sich vergeblich die Hilfe des Reiches für seinen geplanten Krönungszug nach Rom erhoffte. In diesem Jahr nahm er mit Zustimmung des Papstes, aber ohne Krönung in Rom den Titel »Erwählter Römischer Kaiser« an.

Lebensformen im Mittelalter

Die Gesellschaft des Mittelalters bestand aus rechtlich und sozial ungleichen Ständen. Adlige, Bauern und Bürger wurden in ihren Stand hineingeboren und blieben zumeist zeitlebens an ihren Beruf und Ort gebunden. Nur der Zugang zur Geistlichkeit stand allen Freien offen. Auch innerhalb der Stände gab es eine differenzierte Ordnung, die jedem nach Geburt oder Besitz einen festen Platz zuwies. Sozialer Aufstieg gelang manchem durch Heirat und über den Erwerb von Besitz und Bildung. Juden konnten nur Bürger minderen Rechts werden.

Wichtigste Lebensgemeinschaft war die »familia«, zu der neben Eltern, Kindern und Verwandten auch das Gesinde gehörte. Sie lebten zusammen im Haushalt unter der »munt« des Mannes. Frauen verfügten über ihr Erbe, waren aber nicht rechtsfähig. Die Kindersterblichkeit war hoch.

Krankheit, Siechtum und Tod standen allen mittelalterlichen Menschen ständig vor Augen. Spitäler für Alte und Kranke gingen aus Stiftungen hervor. Sie gewährleisteten Auskommen und Pflege, aber oft keine Heilung.

Der Arbeitsalltag in Stadt und Land war lang und beschwerlich. Nur die vielen Kirchenfeste unterbrachen die Arbeitswochen und brachten Zerstreuung und Abwechslung. Sie gliederten das Jahr.

Burgfriedensschluss auf der Burg Drachenfels

Drachenfels 11. März 1510
Handschrift, Pergament mit ursprünglich 18 Siegeln
Do 84/93

Allein dem Adel kam das Recht zu, kraft Abstammung, Besitz und der übertragenen Ämter über Land und Leute zu herrschen. Abhängige Hörige waren gehalten, durch Dienste und Abgaben für den Unterhalt ihrer adligen Herren zu sorgen. Ihren Hörigen Schutz zu gewähren, rechtfertigte die Herrschaft des Adels.

Burgen waren namengebender Herrschaftsmittelpunkt, Wohnort und Wirtschaftshof des Adels. Sie waren Teil adeligen Lebensstils und Selbstverständnisses. Bergfried, Tore und Mauern waren die Verteidigungsanlagen, der Palas diente der herrschaftlichen Repräsentation, die beheizbare Kemenate als Wohnung. Zu den meisten Burgen gehörte eine Kapelle.

Die Burg Drachenfels in der Pfalz stand zu Beginn des 16. Jahrhunderts in gemeinsamem Besitz von 25 adeligen Personen, den Ganerben, und wurde auch gemeinsam verwaltet. Der Burgfriedensvertrag regelte Leistungspflichten und Fragen der Rechtssprechung.

Gotischer Feldharnisch
Landshut um 1470
Eisen
W 1052

Die Geschichte der Kampfesweise und die Entwicklung der Rüstungen als Körperschutz sind eng miteinander verbunden. Wirksamere Angriffswaffen erforderten besseres und stärkeres Material zur Körperpanzerung.

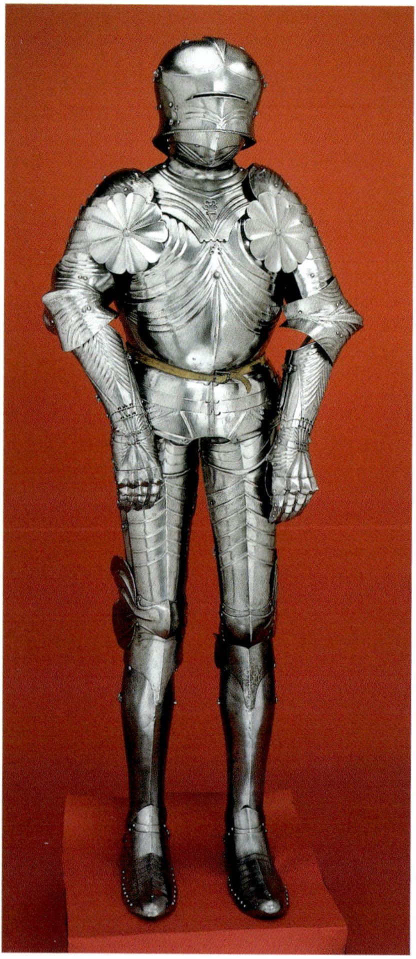

Die Hauptwaffen der Reiter waren Lanze und Schwert. Die Schwerter hatten lange und kräftige Klingen und eigneten sich für den Stich und den Hieb. Kettenhemden schützten vor einer Schwertattacke, aber nicht vor Geschossen aus Armbrust oder Feuerwaffen.

Mit seinen vielen Geschüben, feinen Linien und Riefelungen war der spätgotische Harnisch die vollkommene Schutzrüstung. Harnische waren so leicht, elegant und beweglich wie möglich. Sie boten ausreichenden Schutz vor zahlreichen Angriffswaffen. Dennoch konnte am Ende einer Schlacht der vom Gewicht seines Harnisch' erschöpfte Ritter ein leichtes Opfer der Fußkämpfer werden.

Erst das Aufkommen der Feuerwaffe im 15. und vor allem im 16. Jahrhundert entwertete die eiserne Schutzbewaffnung. Schlachtentscheidend war jetzt die mit Spießen, Zweihandschwertern und Gewehren bewaffnete Infanterie der Landsknechte. Trotzdem blieb die Rüstung noch lange Ausdruck adeligen Selbstbewustseins.

Prunksattel
südostdeutsch
um 1440
Holz, Leder, Elfenbein
W 1010

Die ritterliche Kultur erreichte ihre Hochblüte zur Zeit der Staufer im 12. und 13. Jahrhundert. Überall im christlichen Europa entstanden ähnliche Erscheinungsformen einer Adelskultur. Sie blieben bis ans Ende des Mittelalters verbindlich.

Zum Ideal des Ritters gehörte die Kraftprobe bei Turnier und gemeinsamer Jagd. Der Zugang zu den Höfen

und die Pflege der höfischen Kultur waren allein dem Adel vorbehalten.

Heute noch erhaltene Burgen und Gebrauchsgeräte sowie Werke von höfischer Dichtung und Buchmalerei bezeugen das Leben an deutschen Adelshöfen in Baukunst, Sprache, Kleidung und Umgangsformen.

Die Verehrung von Frauen durch Minnedienst und Minnesang ging einher mit einer gesteigerten Marienverehrung. Die Elfenbeinschnitzereien des Prunksattels zeigen auf der einen Seite die Vorbildlichkeit der reinen Liebe als Sinnbild für die Menschwerdung Christi im Schoße Marias, auf der anderen Seite den Kampf des heiligen Georg, eines ritterlichen Heiligen.

Bauer auf dem Weg zum Markt
Nürnberg um 1560
Bronze
Pl 2004/6

Etwa 90 Prozent der mittelalterlichen Bevölkerung waren Bauern. Nur wenige konnten frei über Eigentum verfügen, aber ihre Familienbetriebe bildeten über Generationen die Grundlage der Landwirtschaft. Die meisten Bauern bearbeiteten Höfe, die den Grundherren gehörten. Dafür zahlten sie Pacht und leisteten Dienste.

Die rechtliche Stellung der Bauern war regional sehr verschieden. Hörige waren persönlich frei, bewirtschafteten aber einen Hof, an den sie gebunden waren und der dem Grundherren gehörte. Leibeigene waren dagegen auch persönlich abhängig, allerdings ohne das Eigentum ihres Herren zu sein.

Die meisten Bauern mussten Hand- und Spanndienste leisten. Ihre Grundherren waren im Gegenzug zu rechtlichem und militärischem Schutz sowie zur Hilfe in sozialen Notlagen verpflichtet. Manche Bauern traten gegenüber ihren Herren nicht ohne Selbstbewusstsein oder »bauernschlau« auf.

Gegen Ende des Mittelalters versuchten die Adligen, ihre Rechte schriftlich zu fixieren, um sie gegenüber ihren Bauern besser durchsetzen zu können.

Henkeltopf
Leipzig 14. Jahrhundert
Ton
MK 62/380

Entsprechend der rechtlichen Stellung und je nach Größe des Besitzes und dessen Bodenqualität gab es unter den Bauern starke soziale Unterschiede. Sie lebten nicht überall und zu allen Zeiten in Armut. Jedoch waren sie Naturkatastrophen, Teuerungen und Kriegen schutzlos ausgeliefert. Das Hausgerät der meisten Bauern unterschied sich nicht wesentlich vom dem der städtischen Unterschichten. Das gilt auch für die im Alltag verwendete Keramik. Im Spätmittelalter gerieten die Bauern in wachsende Abhängigkeit von ihren Grundherren; Erbteilungen schmälerten ihre Höfe.

Ansicht der Stadt Erfurt
Illustration aus der Schedelschen Weltchronik
Hartmann Schedel
(Nürnberg 1440–1514 Nürnberg)
Nürnberg 23. Dezember 1493
RB 54/4164a

Nur wenige der etwa 4000 Städte Deutschlands hatten mehr als 2000 Einwohner. Die meisten Menschen lebten auf dem Land, in unterschiedlichen Abhängigkeiten oder als Hörige. Die Stadtbürger kannten demgegenüber keine Hörigkeit: »Stadtluft macht frei«. Vor dem städtischen Gericht waren alle Bürger gleich. Der städtische Friede duldete keine rechtliche Selbsthilfe. Rechtshändel mussten vor dem Stadtgericht ausgetragen werden.

Die städtische Gesellschaft gliederte sich in drei Gruppen: die Fernhandel treibende patrizische Oberschicht, die zunftbürgerliche Mittelschicht aus Krämern und Handwerkern und

die Unterschicht aus sozialen Randgruppen, die – wie Handwerksgesellen, Tagelöhner, Knechte und Mägde – vom Bürgerrecht ausgeschlossen waren.

In der Lage und im Baubestand der Häuser spiegelten sich die sozialen Unterschiede. Das Patriziat beanspruchte oft zinnenbekrönte Turmhäuser als standesgemäße Wohnungen. Reiche Kaufleute bewohnten oft prächtige Häuser an den Marktplätzen. In Nebenstraßen lebten und arbeiteten die Handwerker. Weniger vermögende Mitglieder der städtischen Mittelschichten und die Angehörigen sozialer Randgruppen wohnten zur Miete in mehrgeschossigen Häusern oder in Holzbuden am Stadtrand.

Zunftbecher der Wismarer Maurer
Abbildung Seite 32 rechts
Wismar 1500
Zinn
KG 2001/50

Das städtische Handwerk war reich gegliedert. Bäcker, Metzger, Schuster und Schneider versorgten die eigenen Städte. Aus Werkstätten der Metallverarbeitung, des Textilgewerbes und der Braukunst gingen Handwerkserzeugnisse hervor, die überregionalen, oft europaweiten Absatz fanden.

Der Zusammenschluss in Zünften sollte gewährleisten, dass alle Handwerker ihr Auskommen verdienen konnten. Um Chancengleichheit und Qualitätserzeugnisse herzustellen, regelten die Zünfte Kapazitäten, Mengen und Absätze der Erzeugnisse. Qualitativen Wettbewerb ließen die Zunftordnungen nicht zu. In eigenen Zunfthäusern berieten die organisierten Handwerker über ihre Berufs- und Erwerbstätigkeit, feierten Feste und pflegten Geselligkeit. An von ihnen gestifteten Altären ließen sie zum Seelenheil ihrer Verstorbenen Messen lesen. Zünfte erfüllten Pflichten sozialer Fürsorge, wenn Meister und Gesellen erkrankten oder in Not gerieten. Sie verhinderten aus Angst vor Konkurrenz die Niederlassung weiterer Meister und Handwerksbetriebe. In der Hansestadt Wismar nannten die Handwerker ihre Zünfte »Ämter«. Regelmäßig trafen sie sich, um gemeinsam den »Stop« genannten Zunftbecher zu leeren.

Die Kirche – geistlich und weltlich

Die Kirche wirkte im Mittelalter in alle Lebensbereiche hinein und besaß die alleinige religiöse Deutungsmacht. Sie bildete den Mittelpunkt jeder Gemeinschaft. So bestimmte das gottesdienstliche Handeln der Kirche, das die Heilsgeschichte vergegenwärtigte, auch die tägliche Zeitordnung sowie den Jahreslauf der Christen. Die Kirchengebäude waren dabei nicht nur die Stätten von Liturgie, Messe und Predigt, sondern oft auch die einzigen Orte, in denen Öffentlichkeit stattfand.

Bis ins späte Mittelalter klafften Glaubensverkündigung und Lebenspraxis großer Bevölkerungskreise vielfach weit auseinander. Kirchliche Reformen führten im Spätmittelalter zur Verstärkung der Seelsorge und zur gesteigerten Frömmigkeit der Gläubigen.

Mit der Übernahme von Hoheitsrechten durch die Reichskirche durchdrangen sich bereits seit dem frühen Mittelalter geistliche und weltliche Ordnung. Schenkungen verschafften der Kirche erhebliche Besitztümer, verbanden sie aber auch sehr eng mit dem weltlichen Leben. Die Kirche übte Herrschaft aus und versah weltliche Aufgaben. Dafür leistete sie der weltlichen Macht Abgaben und Dienste. Weltliche Rechtsprechung und Teilnahme am Heeresaufgebot wurden auch von geistlichen Herrschaftsträgern übernommen. Die Kirche war ein politischer Machtfaktor.

Der Eintritt der Heiligen Klara ins Kloster

Deutschland um 1500
Öl, Tempera, Pergament, Holz
1986/12

Mittelalterliche Klöster waren Zentren des geistlichen Lebens und zugleich Mittelpunkte von Landwirtschaft und Handwerk. Die meisten Klöster wurden bis zum 13. Jahrhundert gegründet. Später kamen die Bettelordenskonvente in den Städten hinzu.

Klöster gehören unterschiedlichen Ordensgemeinschaften an, deren Regeln das jeweilige Leben im Kloster bestimmten. In den Orden gab es sowohl Männer- wie Frauenklöster. Die Benediktiner wurden als erster Orden schon 529 gegründet. Deren Regel war auch für die jüngeren Orden verbindlich. Die Klöster der Zisterzienser und Kartäuser lagen häufig abseits auf dem Land oder sogar in Einöden. Dominikaner, Franziskaner und Karmeliter lebten in der Stadt. Sie sahen sich einem strengen Armutsideal verpflichtet. Die Mönche der Bettelorden wie die Franziskaner waren Seelsorger und Prediger. Sie versahen wichtige Aufgaben in der Alten- und Krankenpflege.

Die Heilige Klara (1194–1253) hatte nach dem Vorbild des Heiligen Franz von Assisi einen Frauenorden gegründet, der sich in besonderer Weise dem Armutsideal in der Nachfolge Christi verpflichtet sah. Viele Frauen in ganz Europa fühlten sich von dieser weiblichen Form der klösterlichen Frömmigkeit angesprochen und der Orden fand schnell Zulauf. Der Klarissinnenorden besteht noch heute.

Turmreliquiar
Deutschland 1490/1500
Kupfer, Glas
KG 2001/114

Nie zuvor waren die Menschen freiwillig der Kirche so zugetan wie im Jahrhundert vor der Reformation Martin Luthers. Seuchen, Hungersnöte, wirtschaftliche Veränderungen, die Krise von Papsttum und Reich verunsicherten viele. Die Menschen des 15. Jahrhunderts sorgten sich um Seelenheil und ewige Verdammnis. Viele versuchten dem Seelenheil durch »Gute Werke« aufzuhelfen: Almosen für die Armen und das Stiften von Messen. Gesteigerte Heiligenverehrung, neue Formen des Reliquienkults und Pilgerfahrten zu nahen und fernen Wallfahrtsorten, an denen Sündenablässe erworben werden konnten, waren ebenfalls Ausdruck intensiver Frömmigkeit.

Schon die frühe Kirche verehrte ihre Märtyrer, deren Reliquien wundertätige Wirkung nachgesagt wurde, als Zeugen des Glaubens und als Heilige. Das vermutlich im Rheinland entstandene Turmgefäß zum Aufbewahren von Reliquien trägt auf der nach dem Vorbild

einer gotischen Architektur gefertigten Spitze eine kleine Marienfigur.

Gesellschaftliche Neuerungen, der Ausbruch von Seuchen oder neu auftretende Berufe erbrachten immer wieder neue Heilige. Sie wurden als Schutzpatrone für alle Lebenslagen, für jeden Beruf und jeden Namen angerufen. Sie hatten und haben ihren jeweiligen Gedenktag im liturgischen Kalender. Heiliges und Profanes lagen so dicht beieinander. Der Kommerzialisierung der Heiligenverehrung und anderen Auswüchsen trat die Kirche meist entgegen.

Das Konzil zu Konstanz: Die Verbrennung des Jan Hus
Jörg Breu d. Ä.
(Augsburg um 1480–1536 Augsburg)
Augsburg 1536
Holzschnitt, koloriert
1989/726.2

Im gesamten Mittelalter gab es Glaubensbewegungen, die Kritik übten und eine andere Form der Kirche wollten. Sie wurden als Ketzer diffamiert, verfolgt und vernichtet, ihre Kritik wurde aber innerhalb der Kirche diskutiert. Die Kirchengeschichte ist auch die Geschichte ihrer Reformen.

Das Auseinanderklaffen von kirchlicher Lehre und Lebenspraxis bot oft Anlass zur Kritik an der Kirche und ihren Vertretern. Im 14. Jahrhundert gerieten Kirche und Papst in eine Krise. Die von 1378 bis 1418 dauernde Kirchenspaltung mit Päpsten in Rom und in Avignon erschütterte die päpstliche Autorität. Reformatoren wie John Wiclef und Jan Hus kritisierten wichtige Lehren und forderten mit ihren Reformvorstellungen eine neue Kirche. 1414–1418 tagte in Konstanz ein allgemeines Konzil, das Lösungen beraten und Abhilfe schaffen sollte. Mit der Wahl eines neuen Papstes endete die Kirchenspaltung.

Der Kritiker Jan Hus aus Prag wurde als Ketzer verbrannt. Seine Anhänger traten daraufhin in den bewaffneten Aufstand. Die Hussitenkriege 1419–1436 verwüsteten Böhmen und die Nachbarländer, bis die Hussiten schließlich durch Zwist und Verrat besiegt wurden. Mit dem Ende des Konzils blieben viele Probleme ungelöst. Zwar kam die Kirchenreform voran, etwa in der Laien- und Klerikerbildung, doch brachen viele Konflikte mit der Reformation im 16. Jahrhundert erneut auf.

Das Heilige Römische Reich deutscher Nation war ein Lehnsverband mit zahlreichen örtlichen und territorialen Obrigkeiten. An der Spitze standen die Kaiser, die dem Hause Habsburg entstammten. Anders als west- und nordeuropäische Länder, entwickelte sich das Reich in der Neuzeit nicht zu einem Nationalstaat. Die frühmoderne Staatenbildung erfolgte allein in den deutschen Ländern.

1500 – 1650

Dennoch behielt das Reich seine rechtliche und politische Bedeutung.

Die Reformation (lateinisch für: Erneuerung) der Kirche bedeutete einen religiösen und politischen Wandel. Die Religion wurde an strikten Lehrsystemen orientiert. Es entstanden religiöse Großgruppen, die Konfessionen. Stärker als vorher oder nachher verschmolzen dadurch Religion und Politik. Das Reich spaltete sich in Anhänger und Gegner der Reformation. Erst im Augsburger Religionsfrieden von 1555 wurde eine politische Lösung der Religionsfrage gefunden. Nachdem diese einige Jahrzehnte Frieden und Ordnung brachte, lief Ende des Jahrhunderts alles auf einen Glaubenskrieg zu.

Um 1600 verschärften sich im Reich konfessionelle Gegensätze und politische Zwiste. Polemik und Fanatismus bestimmten das religiöse Leben. Unter dem Eindruck einer hoffnungslosen Wirtschaftskrise verstärkten sich Endzeitstimmung, Hexenangst und Judenhass. Die Ordnung des Augsburger Religionsfriedens und die Institutionen des Reiches wurden nicht mehr akzeptiert, die Kontrahenten brachen die Kommunikation ab. Es kam zum Dreißigjährigen Krieg, der Mitteleuropa verwüstete und entvölkerte. Erst der ›Westfälische Friede‹ von 1648 schuf eine neue europäische Ordnung.

Die Reformation und ihre Folgen für das Reich

Mit seinen 95 Thesen vom 31. Oktober 1517 löste der Augustinermönch Martin Luther eine umfassende Reformbewegung im Reich und später auch in Europa aus. Luthers Protest richtete sich zuerst gegen die Ablasspraxis der katholischen Kirche. Luther bestritt, dass die göttliche Gnade mit irdischen Gütern oder Werken erkauft werden könne. Er lehnte die Heilsvermittlung durch den Klerus ab. Im Mittelpunkt des Glaubens sollte das Bibelwort stehen. Er rechnete fest damit, dass die Kirchenführer seine in der Bibel begründete Kritik ernsthaft diskutieren würden. Dies war aber nicht der Fall. Auf dem Reichstag zu Worms am 18. April 1521 verweigerte der Reformator aus Gewissensgründen vor Kaiser Karl V. den Widerruf seiner Überzeugungen.

Das Wormser Edikt sprach über Luther die Reichsacht aus und erklärte ihn für vogelfrei, ehr- und rechtlos. Seine sämtlichen Schriften wurden verboten. Nur unter dem Schutz Friedrichs des Weisen, des Kurfürsten von Sachsen, konnte Luther das Werk der Reformation fortsetzen.

Bei der Entscheidung der Fürsten für oder gegen die Reformation in ihren Ländern spielten neben religiösen oft auch politische Gründe eine Rolle. Die geistlichen Fürsten hatten unmittelbares Interesse am Fortbestand der Reichskirche mit ihren zahlreichen Ämtern. Doch die Reformation ließ sich nicht mehr aufhalten.

Erasmus von Rotterdam (1466/1469–1536)
Albrecht Dürer
(Nürnberg 1471–1528 Nürnberg)
1526
Kupferstich
1988/1329

Die Humanisten waren die erste Bildungselite der Neuzeit. In Anknüpfung an die antike Literatur und überlieferte Schriften setzten sie sich für Würde und Entfaltung der Persönlichkeit durch umfassende Bildung und Erziehung ein. Den Schlüssel zum Menschen und zur Welt sahen sie in der Kenntnis der Sprachen.

Die Humanisten forschten und lehrten vor allem im Bereich von Literatur und Geschichte. Daneben engagierten sie sich aber auch politisch. Neben Übersetzungen antiker Autoren erschienen Streitschriften, Dialoge, Gedichte oder Briefe, in denen sie sich für eine Kirchenreform und die Erneuerung der Wissenschaften einsetzten.

Die Humanisten bildeten eine »res publica litteraria«, eine internationale, freiheitliche Gelehrtenrepublik, oft über Konfessions- und Ländergrenzen hinweg. Erasmus von Rotterdam war in ganz Europa geschätzt. Er begrüßte anfangs die Reformation, wandte sich dann aber ab, da er Luthers Lehre der Unfreiheit des Willens nicht billigte. An den Kampf der Humanisten um geistige Freiheit und religiöse Toleranz knüpften die Aufklärer des 18. Jahrhunderts an.

Martin Luther (1483–1546) und Katharina von Bora (1499–1552)

Lucas Cranach d.Ä. (Kronach 1472–1553 Weimar) und Werkstatt
Wittenberg 1529
Öl, Holz
1989/1547.1–2

Das Bildnis des Reformators mit seiner Ehefrau Katharina von Bora wurde zum Plädoyer für die Priesterehe. Beide sind in Dreiviertelfigur vor einfarbigem blauen Grund dargestellt: Martin Luther in schwarzer Schaube mit Barett, Katharina im schwarzen, pelzbesetzten Kleid mit weißer Bluse, das Haar aufgebunden.

Die Aufschriften auf beiden Bildern verdeutlichen die Rollenteilung. Über dem Haupt des Reformators am oberen Bildrand verläuft der Spruch: IN SILENCIO ET SPE ER(IT) FORTITUDO VESTRA »Durch Stillesein und Hoffen würdet ihr stark sein«.

Mit diesem Satz wendet sich der Reformator an den Beschauer, den er auch direkt anblickt. Über dem Haupt der Katharina indessen ist zu lesen: SALVAE (B)ITUR PER FILIORUM GENERACIONEM »Sie wird selig werden durch Kinderzeugen«.

Tag der Eheschließung zwischen Martin Luther und Katharina von Bora war der 13. Juni 1525. Nach Vorstellung der Kirche hätte die Verbindung zwischen einem Mönch und einer Nonne einen Antichristen hervorbringen müssen. Martin Luther und Katharina von Bora hatten sechs Kinder: drei Töchter und drei Söhne.

Von der Leibeigenschaft oder Knechtheit
Urbanus Rhegius
(Langenargen 1489–1541 Celle)
Augsburg 1525
R 94/411

Zu Beginn des 16. Jahrhunderts wehrten sich auch die Bauern gegen die Verschlechterung ihrer Lebensbedingungen, die erhöhte Abgaben und die Verschärfung der Leibeigenschaft mit sich brachten. Der Bauernkrieg begann im Juni 1524 im Schwarzwald, griff aber bald nach Schwaben, Franken und Thüringen über.

Luther lehnte Gewalt und Aufstände zur Verbreitung der Reformation ab und rief zur Mäßigung auf. Doch die Versuche der Verständigung scheiterten. In seiner Schrift »Wider die räuberischen und mörderischen Rotten der Bauern« rief Luther die Fürsten zum gewaltsamen Eingreifen auf.

Thomas Müntzer, einer der wichtigsten Bauernführer, forderte grundsätzliche Gleichheit von Recht und Besitz. Er drängte die Bauern im Mai 1525 in die Schlacht bei Frankenhausen, die mit einer katastrophalen Niederlage endete. Tausende Aufständische wurden getötet, Müntzer selbst gefangengenommen, gefoltert und hingerichtet.

Rhegius Urbanus gehörte zu den wenigen Reformatoren, die sich tatkräftig für die Sache der Bauern einsetzten. Er machte Reformvorschläge, warnte aber die Bauern vor jedem gewaltsamen Vorgehen.

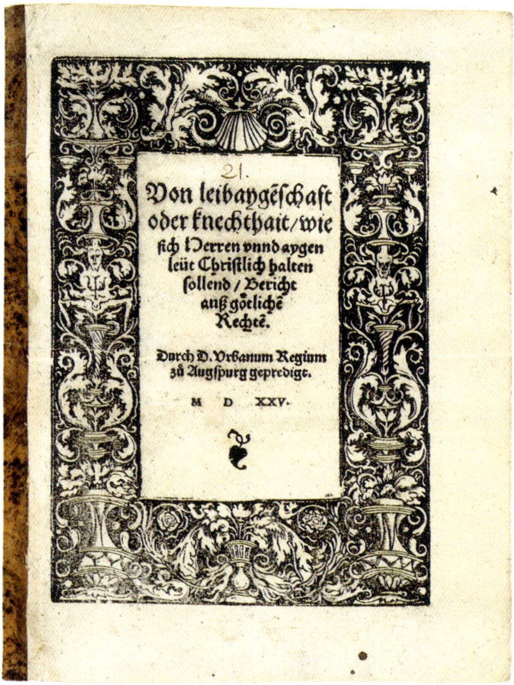
21.
Von leibaygēschaft oder knechthait/wie sich Herren unnd aygen leüt Christlich halten sollend / Bericht auß götlichē Rechtē.

Durch D. Urbanum Regium zů Augspurg geprediget.

M D XXV.

Karl V. und das Reich

Kaiser Karl V. versuchte ein letztes Mal, die mittelalterliche universale Kaiseridee einer »Monarchia universalis« zu verwirklichen. Nach Eroberungen in Amerika herrschte er über ein Reich, in dem »die Sonne nicht unter ging«. Aber die Größe seines Herrschaftsbereiches trug zu Karls Scheitern bei.

1519 wählten die sieben Reichsfürsten, die Erzbischöfe von Mainz, Köln und Trier und die Kurfürsten von der Pfalz, Sachsen und Brandenburg sowie der König von Böhmen Karl V. zum Kaiser. Die Kurfürsten erhielten riesige Bestechungssummen, was ein übliches und kaum kritisiertes Instrument der politischen Interessendurchsetzung darstellte. Das Geld stammte aus einem Darlehen an den Kaiser durch den Augsburger Bankier und Unternehmer Jakob Fugger.

Karl V. war zugleich deutscher Kaiser und spanischer König. Das bedeutete, dass er an vielen Fronten Politik gestalten und Kriege führen musste: mit dem Osmanischen Reich im Osten, mit nordafrikanischen Reichen im Süden und mit Frankreich im Westen sowie mit den aufrührerischen Protestanten im eigenen Reich.

Der Versuch Karls V. die Reformation aufzuhalten scheiterte schließlich am Fürstenaufstand von 1552. Kaiser Karls Politik hatte sich überlebt. Dies führte ihn zu einem ungewöhnlich konsequenten Schritt: 1556 dankte Karl V. zugunsten seines Bruders Ferdinand I. ab.

Kaiser Karl V. (1500–1558) als Feldherr

Peter Paul Rubens (Siegen 1577–1640 Antwerpen) und Werkstatt
wohl Antwerpen nach 1603
Öl, Leinwand
1989/2022

Der Kaiser ist in einem Augsburger Prunkharnisch dargestellt, den er in der Schlacht von Mühlberg am 24. April 1547 trug. Rechts unten ist ein Visierhelm abgestellt, der mit einem roten

Federbusch geschmückt ist. Das Rot Burgunds war die Farbe des Siegers über die Protestantische Opposition. Die heilige Jungfrau Maria auf der Brustplatte weist den Kaiser als Krieger der katholischen Liga aus. Herausgehoben ist die Kolane des Ordens vom Goldenen Vlies. Als Feldherr trägt Karl V. in der rechten Hand den Kommandostab

Das Gemälde zeigt den Kaiser im Zenit seines Erfolges. Die Belagerung Wiens durch die Osmanen war gescheitert. Auch im Inneren des Reiches gelangen militärische Erfolge. Nachdem Verhandlungen, Verbote und Prozesse die Ausbreitung der Reformation nicht verhindert hatten, verlegte sich der Kaiser auf militärische Gewalt.

1546 schlugen die Truppen Kaiser Karls V. die Truppen des Schmalkaldischen Bundes in offener Feldschlacht in der Nähe von Mühlberg an der Elbe. Die beiden protestantischen Anführer, Kurfürst Johann Friedrich von Sachsen und Philipp von Hessen, wurden vom Kaiser gefangen genommen. Anstelle von Johann Friedrich bekam sein Vetter Moritz durch den Kaiser die sächsische Kurwürde zugesprochen. Der Schmalkaldische Bund wurde aufgelöst.

Verlesung der Augsburger Konfession vor Kaiser Karl V.
1530
Kupferstich
Gr 54/1145

Auf den vom kaiserlichen Bruder, Ferdinand von Österreich, 1529 in Speyer einberufenen Reichstagen wurde versucht, das Wormser Edikt erneut in Kraft zu setzen. Aus Empörung über die kaiserliche Religionspolitik legten die evangelischen Stände Protest ein und verließen den Reichstag. Dies brachte ihnen den Namen »Protestanten« ein.

Ein Jahr später erschien Kaiser Karl V. nach langer Zeit wieder auf einem Reichstag. Durch seine Anwesenheit bekamen die Verhandlungen größere Verbindlichkeit. Die evangelischen Stände nutzten die Gelegenheit, ihre Ansichten vorzutragen. Ohne Mitwirkung des noch gebannten und geächteten Martin Luther verfasste Philipp Melanchthon

mit Hilfe anderer Reformatoren die »Confessio Augustana«. Die Bekenntnisschrift wurde von dem sächsischen Kanzler Gregor Brück im Namen der evangelischen Reichsstände vorgetragen.

Der Augsburger Reichstag von 1530 erneuerte das Wormser Edikt zur Unterdrückung der Reformation im Reich. Dadurch vertiefte sich die Kluft zwischen den Anhängern der alten Kirche und den Parteigängern der Reformation noch weiter. Da der Kaiser jeden weiteren Widerstand in der Religionsfrage als Landfriedensbruch verurteilte, schlossen sich viele lutherische Reichsstände 1531 zum Schmalkaldischen Bund zusammen.

Turbanhelm mit Nackenschutz
Türkei / Nordwestiran 1450/1475
Eisen, vergoldet, silbertauschiert
W 4693

Die konische Helmglocke hat eine facettierte Quergliederung und ist vergoldet. Der Hals- und Nackenschutz besteht aus Plättchen, die durch Ringe miteinander verbunden sind. Der Helm ist reich mit gold- und silbertauschierten Inschriften verziert. Dabei handelt es sich um Anrufungen Allahs oder um Texte aus dem Koran. Auch auf dem Scheitel und dem Stirnband stehen arabische Schriftzeichen. Der kunstvoll verarbeitete Helm gehörte einem hochrangigen Angehörigen der Reitertruppen.

Das Osmanische Reich war durch seine expansive Politik zu einer gewaltigen Militärmacht aufgestiegen und bedrohte die östlichen Erblande der Habsburger. 1521 hatten die Türken Belgrad erobert, 1526 Budapest. Nach dem Sieg Sultan Suleimans II. über die Ungarn in der Schlacht bei Mohács 1526 rückten die Truppen der Osmanen gegen die Länder der Habsburger Monarchie vor. Bereits 1529 standen sie mit 100 000 Mann erstmals vor Wien. Doch nach einem Monat gaben die Türken die Belagerung auf.

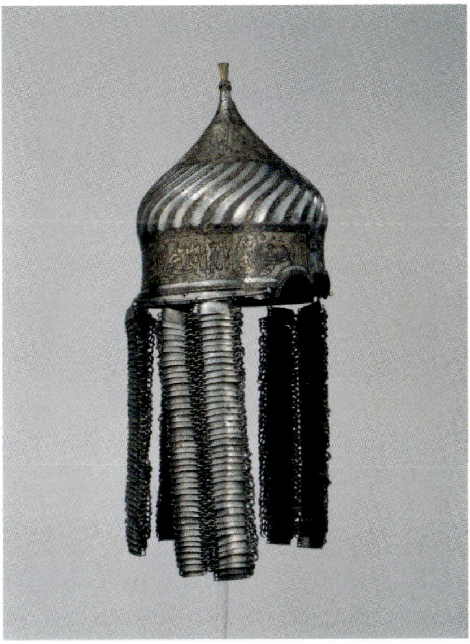

Die Türken waren nicht nur eine militärische Bedrohung, sie wurden auch als Feinde des Christentums verstanden. Die Abwehr des Islam war eines der Ziele Kaiser Karls V. und seiner Nachfolger.

Die Entdeckung der Welt

Um das Jahr 1500 erweiterte sich der Horizont der Europäer. Die Eroberungen der Osmanen im östlichen Mittelmeer hatten die alten Handelswege in den Orient abgeschnitten. Also machten sich nach dem Fall von Konstantinopel 1453 portugiesische und spanische Expeditionen auf, einen Handels- und Seeweg nach Indien zu suchen.

1492 entdeckte Christoph Kolumbus »West Indien«, 1498 umsegelte der portugiesische Seefahrer Vasco da Gama die Küsten Afrikas bis in den Indischen Ozean. Mit diesen Entdeckungen und neuen Fernwegen begann die Europäisierung der Erde.

Der Aufstieg Europas zur Weltmacht vollzog sich unter zahllosen Konflikten. Zwischen den europäischen Mächten begann ein Wettlauf um den Besitz der Kolonien und ihrer Schätze. Der europäische Reichtum vermehrte sich stetig, während die Kolonialherrschaft in weiten Teilen der Welt Ausplünderung, Entrechtung und Armut bedeutete.

Viel langsamer vollzog sich die Verwandlung Europas durch die Begegnung mit dem Fremden. Bis die neuentdeckten Länder und ihre Kulturen tatsächlich das europäische Weltbild veränderten, sollten noch viele Jahrhunderte vergehen.

Tapisserie »Der Triumphmarsch«
aus der Serie »à la manière
de Portugal et de Indye«
Jean Grenier
Tournai 1504
Wolle und Seide, gewirkt
KT 93/241

Einem Auftrag Philipps des Schönen, Herzog von Burgund, ist die Entstehung des Bildteppichs zu verdanken. Dargestellt ist der Festzug von Rückkehrern einer ersten Indien-Expedition, portugiesische Würdenträger in langen Gewändern, Soldaten mit Standarten und Fahnen, schwarze halbwüchsige Sklaven mit großen Pauken und junge portugiesische Edelleute in modisch-eleganter Kleidung. Im Vordergrund steht ein Inder mit großer Gewürzschale,, von rechts nach links zieht ein Zug exotischer Tiere, auf den Giraffen klettern indische Kinder, auf einem Kamel sitzt ein Trompete blasender Herold.

Während die Spanier westwärts über den Atlantik setzten, nahmen die Portugiesen die Südroute nach Südostasien entlang der afrikanischen Küste. Aus dem Orient wurden vor allem Gewürze importiert. Nicht nur die Portugiesen, sondern auch andere europäische Kaufleute waren am Überseehandel interessiert. Bereits 1502 gründete das Augsburger Handelshaus der Welser in Lissabon eine Zweigniederlassung.

Aufklappbare Reisesonnenuhr
Markus Purmann
Deutschland 1614
Messing, graviert
KG 2000/6

In Nürnberg und Augsburg spezialisierten sich im Laufe des 16. Jahrhunderts verschiedene Metallhandwerker auf die Herstellung von Reisesonnenuhren. Die auf allen Teilen eingravierten Tabellen und Skalen dienten der genauen Berechnung der Lokalzeit. Die vergoldete Messinguhr zeigt auf dem Deckel die sich nach Jahreszeit verändernden Tages- und Nachtstunden und auf der Rückseite 36 europäische Städtenamen mit ihren Breitengraten. Ein Unterschied von 15 Breitengraten entspricht der Zeitdifferenz von einer Stunde. Die eigentliche Sonnenuhr verfügt über einen zentralen Kompass, eine eingravierte Stundenskala und einen Fadenanzeiger mit umlegbaren Bügelgriff in Form zweier Delphine.

Die Sonnenuhr konnte sich neben der Räderuhr bis in das 19. Jahrhundert hinein als zuverlässiges Zeitmessgerät behaupten. Die Unregelmäßigkeiten der Zeitangaben der Sonnenuhren resultierten aus der elliptischen Umlaufbahn der Erde und der Neigung der Erdachse.

Die Stadt

Auch wenn um 1500 nur zehn Prozent der deutschen Bevölkerung in Städten lebten, stachen die Reichs- und Hansestädte durch ihre Organisation, ihre politische Kultur und ihre überragende wirtschaftliche Macht hervor. Auf Reichsebene politisch kaum relevant, besaßen die Stadtbürger hohes Selbstbewusstsein.

Die meisten Städte waren klein und hatten weniger als 5.000 Einwohner. Nur in Köln, Nürnberg und Augsburg lebten um 1500 bereits über 40.000 Menschen.

Vermögende Kaufleute und reiche Handwerker bildeten das Patriziat, das in vielen Städten eine nach Vermögen und politischem Einfluss privilegierte Oberschicht darstellte. Meist ging aus diesem Kreis der herrschende Rat hervor.

Handwerker, Kaufleute und Gewerbetreibende bildeten den wirtschaftlichen und politischen Kern der Gemeinde. Daneben lebten in der Stadt viele Nichtbürger ohne politische Vertretung: Gesellen, Gesinde, Tagelöhner.

Die städtischen Handwerker organisierten sich in Zünften, die ihre Mitglieder in ein fest gefügtes Geflecht gesellschaftlicher Beziehungen und sozialer Fürsorge einbanden. In den süddeutschen Reichsstädten erlebten die Zünfte eine wirtschaftliche Blüte. Kunst- und Luxushandwerker genossen europäisches Ansehen und exportierten ihre Waren nach ganz Europa.

Im weiteren Verlauf der Frühen Neuzeit nahm die Bedeutung der Städte ab: Zunehmend unterdrückten die Fürsten des Reiches die Städte und vollzogen deren Integration in ihre Territorialstaaten.

Augsburger Monatsbild: Oktober, November und Dezember

Jörg Breu
(Augsburg nach 1510–1547 Augsburg)
Augsburg nach 1531
Öl, Leinwand
1990/185.4

Der Augsburger Monatsbilder-Zyklus ist eines der ausführlichsten Zeugnisse städtischer Kultur zu Beginn der Neuzeit. Vier großformatige Gemälde feiern in Darstellungen der Feste der vier Jahreszeiten eine europaweit wichtige Stadt und ihre Bürger.

In einem Kreislauf verfolgt der Zyklus Formen städtischen Lebens. Fest und Vergnügen stehen im Vordergrund. Die religiösen und sozialen Umbrüche der Zeit, der Alltag und die Arbeitswelt bleiben außerhalb der Bilderwelt.

Ihr hohes kulturelles Niveau verdankte die Stadt Augsburg ihrer am Export orientierten Wirtschaftskraft. Wirtschaftliche Blüte und der kulturelle Aufschwung gingen Hand in Hand. Dies führte zu einem Erstarken des städtischen und patrizischen Selbstbewusstseins, das die Monatsbilder anschaulich in Szene setzen.

Europa vor dem Dreißigjährigen Krieg

In der zweiten Hälfte des 16. Jahrhunderts herrschte in vielen Staaten Europas Bürgerkrieg um Religion: Frankreich stürzte von einem Religionskrieg in den nächsten, die Abspaltung der nördlichen Niederlande von Spanien war eng mit der Religionsfrage verknüpft, gezielte Rekatholisierungsmaßnahmen durch die Jesuiten erhöhten in Böhmen die politische Spannung.

Dem Reich oder anderen Ländern wie Polen gelang es eine Zeit lang, den religiösen Konflikt auf politischer Ebene zu entschärfen. Doch die Interpretationsspielräume, die der Augsburger Religionsfrieden von 1555 ließ, führten zu dessen wachsender Aushöhlung. Ein wichtiger Reichsstand, die Kurpfalz, war 1566 calvinistisch geworden, was die Situation verschärfte.

Insgesamt spitzten sich die Konflikte zwischen Protestanten und Katholiken in Europa und im Reich immer mehr zu. Die unversöhnliche Politik endete in militärischen Bündnissen gegeneinander. Es entstanden 1608 die protestantische Union unter kurpfälzischer Leitung und 1609 die katholische Liga unter Führung von Herzog Maximilian von Bayern.

Die gefesselten niederländischen Provinzen vor Herzog Alba

Abbildung Seite 52
Niederlande nach 1622
Öl, Holz
Gm 94/16

In der zweiten Hälfte des 16. Jahrhunderts waren zahlreiche Staaten Westeuropas in langwierige Religions- und Bürgerkriege verwickelt. Die Auseinandersetzungen zwischen den Niederlanden und Spanien entzündeten sich an der Religionsfrage. 1555 hatte Kaiser Karl V. die niederländischen Provinzen an seinen Sohn Philipp II. übergeben. Unter seiner Führung begann der Aufstand der niederländischen Provinzen gegen die spanische Vorherrschaft.

Herzog Alba sitzt links oben auf einem Thron, von Geistlichen und Adel umringt. Vor ihm auf den Knien liegen siebzehn angekettete Frauen als Personifizierung der niederländischen Provinzen. Im Hintergrund werden Egmont und Hoorn hingerichtet. Vor der Henkerstribüne fischt Margarete von Parma die konfiszierten Güter aus dem Blut der Hingerichteten.

Im Verlauf des Krieges spaltete sich das Land in katholische Provinzen im Süden und vorwiegend calvinistisch geprägte nördliche Provinzen. Erst im Januar 1648 konnte in Münster ein Sonderfrieden zwischen Spanien und den selbstständigen »Vereinigten Provinzen« der nördlichen Niederlande geschlossen werden. Das Land erhielt damit seine Unabhängigkeit und schied aus dem Reichsverband aus.

Vermahnung an alle rechtgläubigen Christen in Böhmen
1618
1989/1122

Den Anlass zum Ausbruch des Dreißigjährigen Krieges bildeten die Auseinandersetzungen zwischen den katholischen Habsburgern und den überwiegend evangelischen Ständen in Böhmen. Als versucht wurde, die Zugeständnisse des Majestätsbriefes von 1609 einzuschränken, riefen die Stände zu einer Versammlung nach Prag ein. Die Zusammenkunft wurde verboten.

So beschlossen die Vertreter der Stände in geheimen Verhandlungen, durch eine spektakuläre Aktion den Machenschaften Einhalt zu gebieten. Daraufhin wurden zwei kaiserliche Statthalter aus dem Fenster des Prager Hradschins in den Burggraben geworfen.

Die »Vermahnung« erschien unter dem Namen des Hussiten Jan Ziska, der 1419 am Fenstersturz von sieben Ratsherren aus dem Prager Rathaus teilgenommen hatte. Die Böhmische Nationalbewegung griff somit auf alte Traditionen zurück. Der Fenstersturz war also keine unüberlegte, spontane Reaktion, sondern das Rechtsmittel zur Wahrung der bedrohten Ständefreiheit.

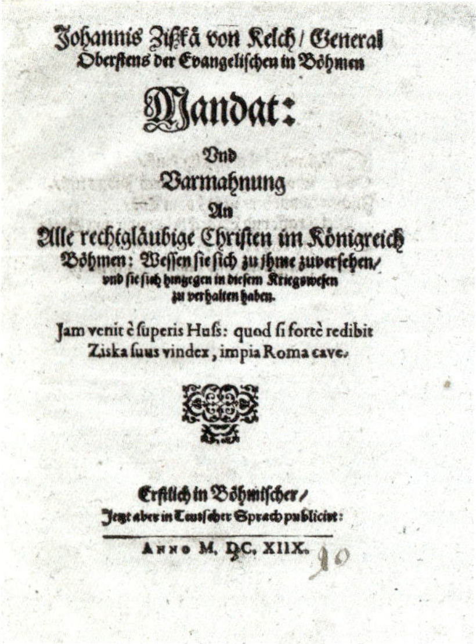

Johannis Zißkâ von Kelch / General Oberstens der Evangelischen in Böhmen

Mandat:

Und

Varmahnung

An

Alle rechtglaubige Christen im Königreich Böhmen: Wessen sie sich zu jhme zuversehen/ und sie sich hingegen in diesem Kriegswesen zu verhalten haben.

Jam venit è superis Hufs: quod si fortè redibit
Ziska suus vindex, impia Roma cave.

Erstlich in Böhmischer/
Jetzt aber in Teutscher Sprach publicirt:

ANNO M. DC. XIIX.

Der Dreißigjährige Krieg

Mit dem Prager Fenstersturz am 23. Mai 1618 begann der Aufstand der böhmischen Stände gegen die Habsburger Kaiser.
Der Konflikt griff bald auf das Reich über, als sich der pfälzische Kurfürst Friedrich V. zum König von Böhmen wählen ließ.

Der Krieg verlief in mehreren Phasen, die sich aus verschiedenen Interessen der Teilnehmer ergaben: Habsburg und Frankreich rangen um die Vorherrschaft in Europa. Die Landesherren im Reich wollten einen kaiserlichen Zentralismus abwehren. Protestanten kämpften gegen Katholiken. Mit dem Krieg verschärften sich die wirtschaftlichen und sozialen Probleme. Eine Teuerungswelle erfasste das Land.

Nach langen Verhandlungen wurde am 24. Oktober 1648 in Münster und Osnabrück der Westfälische Frieden geschlossen. In den vom Krieg am härtesten betroffenen Gebieten hatte nur ein Drittel der Bevölkerung überlebt, die Gesamtbevölkerung hatte sich von 17 auf zehn Millionen verringert. Städte, Marktflecken und Dörfer in Deutschland waren zerstört, Handwerk und Gewerbe ruiniert.

General Ottavio Piccolomini (1599–1656)

Anselmus van Hulle
(Gent 1601– nach 1674)
wohl Nürnberg 1650/1651
Öl, Leinwand
Gm 95/65

Als General und Diplomat wusste Piccolomini den Dreißigjährigen Krieg als Grundlage für eine steile Karriere zu nutzen. Er ging als einer der großen Gewinner aus dem Krieg hervor. Als Kommandeur der Leibgarde Albrecht von Wallensteins gelang es ihm, den Oberbefehlshaber der kaiserlichen Armee bis zuletzt im Glauben seiner Zuverlässigkeit zu lassen. Er distanzierte sich jedoch von Wallenstein, als dieser sich des Hochverrats verdächtig machte und versorgte den Wiener Hof mit gezielten Informationen.

Das Porträt zeigt Piccolomini, ausgezeichnet mit der Kollane des Goldenen Vlieses, auf dem Höhepunkt seiner Karriere. Mit Friedensengel und abgelegter Rüstung lässt er sich als erfolgreicher Vermittler im Westfälischen Frieden von 1648 darstellen, wo er als kaiserlicher Abgesandter Verhandlungen mit den Schweden geführt hatte. Als Anerkennung für seine Dienste wurde er 1650 in den Reichsfürstenstand erhoben.

Krönung Kaiser Ferdinands II. 1619
Ambrosius Francken
(Herenthals 1544–1618 Antwerpen)
Jasper van der Lanen (1595–1626)
wohl Antwerpen nach 1619
Öl, Kupfer
Gm 2001/17

Das Gemälde zeigt Ferdinand II., der vor dem auf einer Wolke heranschwebenden Zeus kniet. Die Verbindung zwischen den beiden Hauptpersonen schafft Zeus' Adler, der zu Ferdinand herabgesandt wird. Er überbringt ihm die Urkunde, die Ferdinand zum Kaiser des Heiligen Römischen Reiches deutscher Nation erhebt. Direkt darunter liegen denn auch Kaiserkrone, Reichsapfel, Reichsschwert und der Orden vom Goldenen Vlies, dessen Großmeister Ferdinand mit der Kaiserkrönung wurde.

Ferdinands Wahl und Krönung zum Kaiser geschah in einer politisch heiklen Situation. 1617 war er zum König von Böhmen und ein Jahr später zum König von Ungarn gewählt worden.
In diesen stark vom Protestantismus beeinflussten Gebieten veranlasste er die Rekatholisierung. Die böhmischen Stände, die immer mehr Freiheiten erlangt hatten, sagten sich daraufhin von den Habsburgern los. Als Ferdinand am 28. August 1619 in Frankfurt am Main zum Kaiser gekrönt wurde, erhoben die böhmischen und die verbündeten österreichischen Stände Kurfürsten Friedrich V. von der Pfalz zum neuen König von Böhmen.

Pikenierharnisch
1. Hälfte 17. Jahrhundert
Eisen, geschwärzt
W 5328

Die Pikeniere führten als Hauptwaffen bis zu fünf Meter lange Piken. Außer der Pike trugen sie einen Degen und zuweilen auch einen Dolch. Im Feldkampf bildeten sie ein dichtes Geviert und damit den Kern der Infanterieaufstellung. Mit dem stärkeren Aufkommen der Musketiere veränderte sich die Gefechtsformation. Die Pikeniere standen nun in der Mitte, während die Musketiere an den Flügeln oder vor den Pikenieren Aufstellung nahmen. Bedingt durch den verstärkten Einsatz der Handfeuerwaffen trugen die Pikeniere vielfach einen halben Harnisch aus dünnem geschwärzten Eisenblech. Die Schutzbewaffnung wurde durch einen leichten, am Gesicht offenen Helm, ein Kragenstück mit angehängtem Oberarmteilen und einem Rückenteil vervollständigt. Als Helme waren Morion, Birnhelm oder die Schützenhaube üblich.

Die Rüstung schützte gegen Hieb- und Stichwaffen, vor Musketenkugeln aber nur auf größere Entfernung. Die Schützen verzichteten nach und nach zugunsten höherer Beweglichkeit auf jede Panzerung.

Überfall auf einen Bauernhof
Jaques Callot (Nancy 1592–1635 Nancy)
Paris 1633
Radierung
1988/795.5

Callots Folge über die Schrecken und die Grausamkeit des Dreißigjährigen Krieges besteht aus insgesamt 18 Radierungen. Jeder Radierung sind dreistrophige Verse des Abbé Michel de Marolles hinzugefügt, in denen die Szenen kommentiert werden. Dargestellt sind marodierende Soldaten, Übergriffe auf die Zivilbevölkerung, Raub, Mord, Folterungen, Vergewaltigungen oder Plünderungen.

Weitere Blätter zeigen die Bestrafung marodierender Soldaten durch die Militärgerichtsbarkeit. Auch hier werden Grausamkeiten nicht ausgespart.

In seiner Folge verurteilt Callot nicht den Krieg an sich, sondern er geht davon aus, dass Grausamkeiten entstehen, wenn Recht und Gesetz verlassen werden. Der Kriegsalltag wird mit Abscheu und die Bestrafung der Gesetzesbrecher mit Genugtuung kommentiert. Nur die Belohung der Gesetzestreuen kann die Ordnung der Welt garantieren und ein Gegenbild zum Chaos des Krieges bieten.

Das Nürnberger Friedensmahl 1649

Wolfgang Kilian
(Augsburg 1581–1662 Augsburg)
Nürnberg nach 1649
Kupferstich, koloriert
Gr 61/951

Bei dem erfolgreichen Friedensabschluss in Münster und Osnabrück war unter anderem die Abfindung der schwedischen Armee in Deutschland offen geblieben. Deshalb trafen sich die beteiligten Delegationen zu Nachverhandlungen in Nürnberg. Im September 1649 konnte ein erstes Abkommen unterzeichnet werden, im Juni und Juli 1650 folgten die Abschlussdokumente.

Zur Feier des Westfälischen Friedens und anlässlich der Nachfolgekonferenz in Nürnberg gab der schwedische Hauptbevollmächtigte, Pfalzgraf Gustav von Zweibrücken, für alle Beteiligten an den Verhandlungen ein großes Fest im Nürnberger Rathaus. 150 Gäste nahmen an dem Bankett teil. Der Kupferstich enthält Porträts der teilnehmenden hohen Personen. Von dem Bankett sind nicht nur die Namen der anwesenden Personen, sondern auch die Speisefolge, die Organisation des Festes sowie die musikalische Begleitung überliefert. Der Kupferstich wurde nach einem Gemälde Joachim von Sandrarts in Nürnberg angefertigt. Im Vordergrund rechts ist das Selbstbildnis des Malers zu sehen.

Das Zeitalter der Glaubenskriege war 1648/49 beendet. Der Westfälische Friede stellte die deutschen Territorialstaaten auf eine gesicherte Rechtsbasis. Alle Kurfürsten, Fürsten und übrigen Reichsstände verfügten über ihre eigene Landeshoheit und Bündnisfreiheit. Die geistlichen und weltlichen Stände waren eine Besonderheit des Heiligen Römischen Reiches. An der Spitze blieb der Kaiser

1650 – 1789

Garant der Einheit, der Rechtswahrung und der Verteidigung nach außen. Wahl- und Krönungsort des Kaisers war Frankfurt am Main. Die Kurfürst-Erzbischöfe von Mainz, Köln und Trier, der König von Böhmen sowie die Kurfürsten von Bayern, Sachsen, Brandenburg und der Pfalz nahmen an der Kaiserwahl teil. Ab 1692 war auch der Kurfürst von Braunschweig, später Hannover wahlberechtigt.

Ab 1663 verhandelten die Stände ihre Interessen auf dem Immerwährenden Reichstag zu Regensburg. Die Repräsentanten tagten fortlaufend im Rathaus von Regensburg. Kaiserliche Vorschläge wurden von den Kollegien getrennt beraten. Gemeinsame Beschlüsse erhielten durch Zustimmung des Kaisers Gesetzeskraft.

Nach 1740 kam es zum machtpolitischen Streit zwischen Österreich und Preußen. Da mittlerweile große Gebiete beider Staaten außerhalb des Reiches lagen, war die Integrationskraft der Reichsinstitutionen überfordert. Im ausgehenden 18. Jahrhundert bestimmten fünf Großmächte die europäische Politik: England, Frankreich, Österreich, Preußen und Russland.

Staatssouveränität und Vormacht in Europa

Dem Westfälischen Frieden folgte eine lange Epoche der konkurrierenden dynastischen Fürstenstaaten. Zwei Dynastien – die Bourbonen und die Habsburger – rangen um die Vorherrschaft auf dem Kontinent. Sie schlossen Bündnisse mit wechselnden Partnern und führten Kriege um dynastische Erbfolgen und Territorien. Die Heiratspolitik der Dynastien diente darüber hinaus dem Machterhalt und er Ausweitung territorialer Ansprüche.

Die Politik König Ludwigs XIV. von Frankreich zielte auf eine Machterweiterung des Hauses Bourbon. Der Devolutionskrieg 1667/68 galt den südlichen Niederlanden. Im Holländischen Krieg 1672–1679 überfiel Ludwig XIV. die wohlhabende Handelsrepublik Holland. Im Pfälzischen Krieg 1688–1697 erhob der französische König Anspruch auf das Erbe des Kurfürsten von der Pfalz. Im Spanischen Erbfolgekrieg 1702–1714 sahen sich die Bourbonen als rechtmäßige Erben der spanischen Königskrone. In all diesen politisch kalkulierten Kriegen hatte Frankreich Allianzen europäischer Verbündeter gegen sich.

Von weitreichender Bedeutung war die Verbindung der Seemächte Holland und England. Der Generalstatthalter der Niederlande, Wilhelm III. von Oranien, heiratete 1677 die älteste Tochter des späteren englischen Königs Jakob II., Maria Stuart. Nach der Vertreibung seines Schwiegervaters übernahm Wilhelm III. 1689 den englischen Königsthron. Holland und England standen fortan den Habsburgern in den Kriegen gegen Frankreich als Verbündete zur Seite.

Kaiser Leopold I. (1640–1705) mit goldenem Lorbeerkranz
Paul Strudel (Cles 1648–1708 Wien) und Werkstatt
Wien um 1700
Marmor, Messing, teilvergoldet
1990/1606

Im Heiligen Römischen Reich und seinen Ländern zeigte sich der Absolutismus im Vergleich zu Frankreich in abgeschwächter Form. Eine Vielzahl deutscher Landesherren verfügte innerhalb der eigenen Landesgrenzen über eingeschränkte Souveränität. Dem entgegen stand der Reichsverband mit dem Kaiser an der Spitze.

Der 1658 in Frankfurt am Main zum Kaiser gekrönte Leopold I. war 47 Jahre lang Oberhaupt des Heiligen Römischen Reiches. Er entstammte dem Hause Habsburg und heiratete 1666 aus dynastischen Gründen seine Nichte, die erst 15-jährige Margarethe von Spanien. Seine beiden Söhne, Joseph und Karl, folgten ihm nacheinander auf dem Kaiserthron. Die Machtpolitik Frankreichs und des Osmanischen Reiches war eine ständige Bedrohung für den Habsburger. Die Erfolge in Kriegen erzielte er vor allem durch die Siege seines Feldherrn Prinz Eugen von Savoyen.

Leopold I. ließ die Wiener Hofburg ausbauen und beschäftigte zahlreiche Künstler und Handwerker. Ab 1696 erhielt der Bildhauer Paul Strudel seitens des Wiener Hofes umfangreiche Aufträge. Er sollte den Kaiser und dessen Söhne, die Erzherzöge Joseph und Karl, in mehrfacher Ausführung porträtieren. Strudel und seine Werkstatt fertigten eine Reihe von Bildnisreliefs, die der Kaiser an befreundete Fürsten verschenkte. Leopold trägt eine Allonge-perücke und den Orden vom Goldenen Vlies. Lorbeerkranz und Harnisch kennzeichnen den Kaiser als Sieger über die Türken.

König Ludwig XIV. von Frankreich (1638–1715) vor dem Parlament

Henri Testelin (Paris 1616–1695 Den Haag) zugeschrieben
Frankreich um 1685
Öl, Leinwand
Gm 93/60

König Ludwig XIV. bestimmte die Politik Frankreichs. Sie war auf seine Person zugeschnitten. Ludwig wurde 1643 im Alter von fünf Jahren König, 1661 übernahm er die Alleinherrschaft. 1682 zog der Hof von Paris nach Versailles, nachdem das Jagdschloss Versailles in mehreren Baustufen erweitert worden war und der König die neuen Anlagen zu seiner ständigen Residenz erklärt hatte. Ludwig XIV. wurde zum Inbegriff eines absolut regierenden Herrschers. Als »Sonnenkönig« stand er im Mittelpunkt des politischen und kulturellen Geschehens Frankreichs. Sein Staatsminister Jean-Baptiste Colbert sorgte innenpolitisch für eine Bündelung der Kräfte und Ressourcen.

Außenpolitisch versuchte Ludwig XIV., die Vormachtstellung der Bourbonen in Europa auszubauen. Nach der Einnahme Straßburgs durch französische Truppen 1681, zogen der König und seine Gemahlin Maria Theresia von Spanien in die ehemals freie Reichsstadt ein. 1689 bot Ludwig XIV. dem entmachteten König Jakob II. von England Asyl. Gemeinsam bildeten sie eine »Heilige Liga« zur Bekämpfung des Protestantismus. Ludwig XIV. war Großmeister des bedeutendsten katholischen Ordens Frankreichs.

Auf dem Gemälde, das ihn als obersten Richter vor dem Parlament auf dem »Lit de Justice« zeigt, trägt er die Ordenskollane und das Kleinod des »Ordre du Saint-Esprit«.

Elisabeth Charlotte von der Pfalz, Herzogin von Orléans (1652–1722) im Jagdkostüm
Louis Ferdinand Elle d. Ä.
(Paris 1612–1689 Paris) zugeschrieben
Paris 1673
Öl, Leinwand
Gm 2001/1

Elisabeth Charlotte »Liselotte«, war die Tochter des Kurfürsten Karl Ludwig von der Pfalz. Wegen der zerrütteten Ehe der Eltern wuchs sie in Hannover bei ihrer Tante, der Kurfürstin Sophie von Hannover, auf. 1671 trat sie zum Katholizismus über und heiratete Philipp von Orléans, den Bruder König Ludwigs XIV. Seitdem lebte sie am französischen Hof. Sie bewahrte dort ihr urwüchsiges und natürliches Wesen und berichtete in mehreren Tausend Briefen über den Alltag in Versailles. Die aus dynastischen Gründen zwischen Philipp und Liselotte geschlossene Ehe war keine glückliche Verbindung.

Eine besondere Leidenschaft Liselottes war die Teilnahme an höfischen Jagden, insbesondere an den Parforcejagden. Louis Ferdinand Elle malte die 21-Jährige in dem Jagdkostüm, das am Hof vorgeschrieben war.

Als Liselottes kinderlos gebliebener Bruder, Kurfürst Karl, 1685 starb, erhob Ludwig XIV., stellvertretend für seine Schwägerin, Erbansprüche auf die Pfalz. Ziel des Bourbonen war, die Macht des Habsburger Kaisers schmälern.

Ludwig XIV. ordnete an, alle größeren Orte der Pfalz dem Erdboden gleich zu machen. Liselotte schätzte zwar ihren Schwager, den französischen König. Die Zerstörung ihres »armen Vaterlandes« im Pfälzischen Krieg bereitete ihr jedoch großen Kummer.

Zwei Ansichten: Speyer vor der Zerstörung und Speyer in Brand
Deutschland 1690
Radierung und Kupferstich
Gr 2000/181

Die französische Armee besetzte 1688 in einem Handstreich das gesamte oberrheinische Gebiet, weite Teile der Erzbistümer Köln und Trier und rückte bis nach Franken und Schwaben vor. Dörfer und Städte wurden bis auf die Grundmauern zerstört. 1689 stand Speyer in Flammen, nachdem die Einwohner die Stadt hatten verlassen müssen. Auch Heidelberg, Mannheim, Worms, Oppenheim und Kreuznach wurden geplündert und in Brand gesteckt.

Kaiser Leopold I. und der englische König Wilhelm III. bildeten 1689 eine »Große Allianz« gegen Frankreich. Dem Bündnis traten auch der Kurfürst von Brandenburg, der Herzog von Savoyen und der König von Spanien bei. Der Pfälzische Erbfolgekrieg entwickelte sich zu einem europäischen Krieg.

Die Diplomaten der beteiligten Mächte handelten schließlich 1697 auf Schloss Rijswijk einen Friedensvertrag aus. Er stärkte die Position Englands und zwang Frankreich zum Rückzug aus fast allen während des Krieges besetzten Gebieten. Der Friedensschluss brachte allerdings noch keine abschließende Einigung über die Erbfolge in der Pfalz. Nach einem Schiedsspruch des Papstes erhielt schließlich der Düsseldorfer Pfalzgraf Johann Wilhelm die Kurpfalz.

Als Folge der Zerstörung Speyers konnte auch das dort ansässige Reichkammergericht ab 1689 nicht mehr tagen. Das Gericht nahm erst 1693 in Wetzlar seine Tätigkeit wieder auf.

Plan der Schlacht von Höchstädt an der Donau am 13. August 1704
Abbildung Seite 62
Jan van Vianen (Amsterdam um 1660–nach 1726 Haarlem)
Niederlande um 1705
Kupferstich, koloriert
1990/547

Der spanische König Karl II. starb im Jahr 1700 kinderlos. Er entstammte der Dynastie der spanischen Habsburger. Sowohl Bourbon als auch Habsburg beanspruchten das Erbe. Es kam zum größten europäischen Erbfolgekrieg – dem Spanischen.

Der Bourbone Philipp von Anjou übernahm als König Philipp V. von Spanien die Herrschaft in Madrid. Kaiser Leopold I. schloss darauf mit der Mehrzahl der deutschen Fürsten sowie Großbritannien und den Niederlanden ein Bündnis und erklärte Frankreich den Krieg. 1704 schickte der Kaiser seinen Sohn, Erzherzog Karl, als König Karl III. von Spanien auf die iberische Halbinsel.

Bei Höchstädt an der Donau kam es 1704 zur entscheidenden Schlacht im Spanischen Erbfolgekrieg. Die Kriegsparteien schickten jeweils über 50 000 Mann ins Gefecht. Prinz Eugen von Savoyen und der Herzog von Marlborough errangen mit ihren kaiserlich-alliierten Truppen den Sieg. Annähernd 20 000 Soldaten fielen. Der Wittelsbacher Kurfürst Max Emanuel von Bayern, der den Anspruch der Bourbonen gegen die Habsburger unterstützt hatte, flüchtete nach der Niederlage bei Höchstädt nach Brüssel und später nach Paris.

Der Friede von Utrecht und Rastatt teilte 1713/14 die europäischen Besitzungen Spaniens auf: Habsburg bekam die südlichen Niederlande, Teile Italiens und Sardinien. Den Bourbonen wurde die spanische Halbinsel zugesprochen.

Ein türkischer Gefangener in Ketten
Süddeutschland / Österreich um 1700
Holz, farbig gefasst
Pl 93/6

Das Osmanische Reich war seit der Eroberung des Balkans und großer Teile Ungarns zu einer dauerhaften Bedrohung für das Reich geworden. Bereits 1529 musste sich Wien einer ersten Belagerung durch türkische Truppen erwehren.

Im Juli 1683 rückten 140 000 Türken bis nach Wien vor. Kaiser Leopold I. floh mit seinem Hof nach Passau und rief die Fürsten des christlichen Europas zu Hilfe. Am 12. September 1683 schlug ein vereinigtes europäisches Heer unter dem Kommando des polnischen Königs Johann III. Sobieski die Truppen des osmanischen Heerführers Kara Mustafa in die Flucht und nahm die »Türkenbeute« als Siegeszeichen. Viele erbeutete Trophäen, vor allem Reitzeuge, Waffen und Zelte, gehören heute zu den Beständen der Museen in Krakau, Karlsruhe, Ingolstadt, Dresden, Kassel, Wien und Berlin.

Weitere Erinnerungsstücke wurden nach den Siegen von Wien, Ofen und Buda in Auftrag gegeben. Künstler schufen Gemälde und Skulpturen mit szenischen Kriegsdarstellungen. Ein unbekannter Bildschnitzer fertigte die Figur des gefesselten Türken vermutlich für einen der siegreichen Kriegsteilnehmer.

Ein Grenadier –
Figur zur Tabakaufbewahrung

Preußen 1715
Holz, farbig gefasst
AB 9538

Das ehemals unbedeutende Kurfürstentum Brandenburg ging im Holländischen Krieg 1672–1679 ein Bündnis mit Holland und Österreich gegen die französisch-schwedische Allianz ein. Mit dem überraschenden Sieg bei Fehrbellin 1675 über die Schweden begann der Aufstieg Brandenburg-Preußens.

Friedrich Wilhelm, genannt der Große Kurfürst, schuf eine effektive Militär-, Finanz- und Justizbürokratie. Der Sohn des Großen Kurfürsten, Kurfürst Friedrich III. von Brandenburg, krönte sich 1701 in Königsberg mit Zustimmung des Kaisers zum König Friedrich I. in Preußen. Im Gegenzug verpflichtete er sich, Kaiser Leopold I. im sich anbahnenden Spanischen Erbfolgekrieg 1702–1714 zu unterstützen.

Der »Soldatenkönig« Friedrich Wilhelm I. regierte ab 1713 in Brandenburg-Preußen. Er festigte die Position seines Landes in Europa und führte innenpolitisch ein strenges Regiment nach den Regeln des Pietismus und des Militärs. Er forderte Härte und Disziplin von sich und seinen Untertanen. Innerhalb der Armee lag ihm die »Riesengarde« besonders am Herzen. Überall in Europa ließ er nach »Langen Kerls« Ausschau halten. In der Potsdamer »Riesengarde« dienten ausschließlich »Lange Kerls«. Die Figur in der Uniform eines Riesengrenadiers erinnert an die Lieblingsgarde König Friedrich Wilhelms I. Die Mütze des Grenadiers ist abnehmbar. Das Kopfinnere diente als Behältnis für Tabak.

Mobilisierung der Wirtschaftskraft

In Deutschland gab es nur Ansätze des Merkantilismus, verbreiteter war der Kameralismus. Die Grundsätze beider Wirtschafttheorien propagierte Johann Joachim Becher erfolgreich in seinem 1668 erstmals erschienenen »Politischen Diskurs«. Hauptanliegen war, den Wohlstand der Länder zu mehren. Die Landesherren erteilten Privilegien und vergaben Subventionen und Monopole zur Entwicklung des Gewerbes. Durch Verbesserung der Landwirtschaft und des Bergbaus sollten vor allem exportfähige Waren produziert werden. Der Außenhandel wurde mit Steuern, Zöllen, Wegegeldern und Kontingentierungen in die gewünschten Bahnen gelenkt. Die Ausfuhr überschüssiger Erträge bei gleichzeitigem weitgehenden Importstop sicherte eine positive Handelsbilanz. In Regionen mit dünner Besiedlung erhielten Glaubensflüchtlinge und andere Immigranten materielle Hilfen und Privilegien bei der Existenzgründung.

Der florierende Handel verhalf der bürgerlichen Kaufmannsschicht zu Ansehen und Wohlstand. Hofjuden versorgten die Fürsten mit Krediten und Lieferungen für die Armee. Damit stärkten sie die Macht der Landesherren gegenüber den Ständen. In den neu gegründeten Manufakturen verlief der Arbeitsprozess bereits halbindustriell. Innerhalb größerer Betriebe herrschte das Prinzip rationeller Arbeitsteilung. Die in den Zünften organisierten Handwerker arbeiteten dagegen weiterhin in Werkstätten mit wenigen Helfern. Sie verteidigten ihre Privilegien gegen die unliebsame Konkurrenz der neuen Gewerbe, der Hofhandwerker und privilegierten Manufakturen.

Schraubmedaille auf die Salzburger Emigranten

Abraham Remshard zugeschrieben
Augsburg 1732
Silber
N 93/198

Die staatliche Förderung der Landwirtschaft war ein wesentliches Ziel kameralistischer Wirtschaftspolitik. Denn auch die Steuereinnahmen aus der Landwirtschaft flossen in die fürstliche Schatzkammer – die »camera«. Im Westen und Süden Deutschlands waren die adligen, kirchlichen und bürgerlichen Grundherren meist Eigentümer der Höfe und die Bauern lediglich Besitzer. Die Bauern hatten den Grundherren Abgaben zu leisten. Es herrschte das Prinzip der Grundherrschaft. Östlich der Elbe bildeten sich die für die Bauern weit ungünstigere Gutsherrschaft und die landesherrliche Domänenwirtschaft heraus.

Auf den Gütern arbeiteten dienstpflichtige Bauern. Die Gutsherren verfügten über die niedere Gerichtsbarkeit. In den entlegenen Gebieten waren Neusiedler willkommen.

Als der Erzbischof von Salzburg, Graf Firmian, 1731 etwa 20 000 Protestanten zwang, sein Land zu verlassen, ermöglichte König Friedrich Wilhelm I. von Preußen dem größten Teil der »Exulanten« die Ansiedlung in Ostpreußen. Die meisten Flüchtlinge waren Bauern. Der König versprach ihnen eigenes Land und finanzielle Starthilfen, damit sie sich dauerhaft niederließen. Das Ereignis erschütterte die protestantische Welt und wurde zur Erinnerung auf etwa 70 Gedenkmedaillen festgehalten.

Karte des Erzgebirgischen Kreises mit einer Bergwerksansicht

Adam Friedrich Zürner
(Marieney 1679 – 1742 Dresden)
Matthäus Seutter d. Ä.
(Augsburg 1678 – 1757 Augsburg)
Augsburg um 1735
Kupferstich, koloriert
Do 69/765 I

Der Bergbau erholte sich nur sehr langsam von der Krise in der zweiten Hälfte des 16. Jahrhunderts und den Zerstörungen des Dreißigjährigen Krieges. In Sachsen bildeten der Bergbau und das Münzwesen ab 1680/90 wieder das Fundament der Wirtschaft. Im Süden des Landes wurden Silber, Eisen, Zinn, Kupfer, Blei, Zink, Wismut und Kobalt

EDICT,
Daß in der
Chur-Marck
Auf dem
Platten Lande
So viel
Hausleute/ Spinner
Und
Leinweber/
als man kan und will, angesetzet werden mögen,
Aber
Keine Leinweber/ die in einländischen Städten
wohnhafft gewesen.
De dato Berlin/ den 2. Februarii 1729.
BERLIN,
Gedruckt bey dem Königlichen Preußischen Hof-Buchdrucker
Daniel Andreas Rüdiger.

Edikt, dass auf dem platten Land so viel Spinner und Leineweber wie möglich angesiedelt werden sollen
Berlin 2. Februar 1729
1988/859

gewonnen und Kohle, Marmor und Edelsteine abgebaut. Der Erzgebirgische Kreis mit der Stadt Freiberg war ein Zentrum der Silberförderung. Die schematische Darstellung eines Bergwerks im unteren Bereich der Landkarte illustriert die einzelnen Arbeitsgänge des Bergbaus.

Neben Sachsen, Oberschlesien und Kärnten gehörte auch die Region um Clausthal und Zellerfeld im Harz zu den bedeutendsten Bergbaurevieren Europas. In direkter Nachbarschaft der Förderanlagen für silberhaltiges Blei- und Zinkerz arbeiteten die Münzwerkstätten. Die Landesherren besaßen das »Regal« auf die Bodenschätze. So standen der Bergbau und die Metallgewinnung meist unter direkter Obhut der Territorialfürsten. Zur Finanzierung der Zechen wurden »Kuxe« ausgegeben. Die freiverkäuflichen Wertpapiere waren die Vorläufer der späteren Aktien.

Die Gewerbeförderung zählte zu den wichtigsten merkantilen Maßnahmen territorialstaatlicher Politik. Manufakturgründungen sollten die heimische Wirtschaft stärken. Häufig mussten auswärtige Fachkräfte angeworben werden. Die gut ausgebildeten protestantischen Glaubensflüchtlinge aus Holland und Frankreich waren willkommen. Bevorzugte Ziele dieser Zuwanderer waren die Zentren der Luxuswarenerzeugung in protestantischen Ländern.

Fachkräfte für Schmuck gingen nach Gmünd und Pforzheim, Fayenceproduzenten nach Hanau, Frankfurt am Main und Berlin. Leder-, Textil- und Gobelinspezialisten ließen sich in Frankenthal, Erlangen, Kassel, Krefeld und Berlin nieder.

König Friedrich Wilhelm I. von Preußen setzte die »Peuplierungspolitik« seines Großvaters und Vaters fort. Statt des Luxusgewerbes förderte er jedoch die Produktion einfacher Gebrauchs- und Handelsgüter. Ganze Gewerbezweige verlagerten ihre Produktion mit fürstlichen Privilegien aus den Städten aufs Land.

Spinner und Weber arbeiteten zunehmend im Verlagssystem. Kaufleute ließen als Textilunternehmer in Heimarbeit fertigen. Die heimindustrielle Produktion warf höhere Erträge ab als das traditionelle, durch Zünfte reglementierte Handwerk.

Residenzen

Im Zeitalter des Absolutismus konzentrierte sich das politische und kulturelle Leben auf die Fürstenhöfe. Es gab Stadtresidenzen, Sommerschlösser und Jagdschlösser. Überall in Europa entstanden vor den Städten neue, weiträumige Schlossanlagen, die Sommerresidenzen, eingebettet in prächtige barocke Gärten.

Die größte Residenzstadt des Reiches war Wien. Dort saßen die obersten Behörden des Heiligen Römischen Reiches und die Zentralverwaltung der österreichischen Erblande. Der Kaiser residierte in der erweiterten Hofburg und im neu angelegten Sommerschloss Schönbrunn. Mitglieder des Regierungsapparats und der höfischen Gesellschaft zogen in repräsentative Stadtpalais.

Viele fürstliche Höfe nahmen sich Wien zum Vorbild. König Friedrich I. in Preußen und seine Nachfolger ließen in Berlin eine Reihe von Bauten errichten, die dem neu gewonnenen Status seines aufstrebenden Königreichs angemessen erschienen. Residenzstädte wie Karlsruhe oder Mannheim wurden neu geplant und geometrisch angelegt.

Die neu erbauten Jagdschlösser boten eine Bühne zur Pflege dynastischer und diplomatischer Beziehungen. Die Jagd war traditionell ein fürstliches Privileg. Der teilnehmende niedere Adel hatte Gelegenheit, seine gesellschaftliche Position aufzuwerten. Glanzvolle Feste bildeten das Rahmenprogramm.

Das kleine Forum mit dem Opernhaus, der Hedwigskirche und der Königlichen Bibliothek

Abbildung Seite 68 oben
Carl Traugott Fechhelm
(wohl Dresden 1748–1819 Riga)
Berlin 1785
Öl, Leinwand
Gm 96/13

Die Berlin-Ansicht entstand kurz vor dem Tode König Friedrichs II. von Preußen. Der Aufstieg Brandenburg-Preußens zum Königreich hatte Berlin zu einer europäischen Residenzstadt befördert. Die Jahre nach dem Frieden von Hubertusburg 1763 waren nochmals eine Zeit des Aufschwungs. Die Einwohnerzahl stieg von 100 000 bis zum Tode Friedrichs 1786 auf über 145 000. Im Vergleich zu anderen europäischen Metropolen wie Paris und Wien blieb Berlin allerdings kleinstädtisch.

Georg Wenceslaus von Knobelsdorff entwarf das 1741–1743 errichtete Opernhaus. Die an das Pantheon in Rom erinnernde katholische Hedwigskirche wurde 1773 fertiggestellt. Bei der Planung der 1775–1781 erbauten Königlichen Bibliothek orientierte sich der Architekt Georg Christian Unger eng an den 1725 von Joseph Emanuel Fischer von Erlach gefertigten Entwürfen für einen Erweiterungstrakt der Wiener Hofburg.

Erklärung
Explication

Prospekt der Residenzstadt Karlsruhe – Blick von Süden

Christian Thran und
Johann Matthias Steudlin (1717–1754)
Karlsruhe 1739
Kupferstich
Gr 95/251

Markgraf Karl Wilhelm von Baden-Durlach (1679–1738) gründete 1715 die Stadt Karlsruhe. Ursprünglich sollte an dem Ort lediglich ein Jagdschloss entstehen. Das bereits für den Jagdpark vorgesehene Sternschneisensystem mit einem Turm im Zentrum wurde für die Planung der Stadt zugrunde gelegt. 1718 wurde Karlsruhe Regierungssitz.

Das Residenzschloss erhielt Erweiterungsbauten wie Marstall und Orangerien. Für den Hofstaat und die Einrichtungen der öffentlichen Verwaltung entstanden Wohn- und Kanzleigebäude in räumlicher Nähe zum Schloss.
Über der Hauptachse des Perspektivplans ist der Enkel und Nachfolger Karl Wilhelms, Markgraf Karl Friedrich (1728–1811), als Elfjähriger porträtiert. Er ließ ab 1752 ein neues Schloss errichten.

Toilette- und Speiseservice in einem Koffer

Franz Christoph Saler (1690–1760)
Augsburg 1747–1749
Silber, Holz, Leder, Samt, Messing
KG 92/13.1–27

Luxus diente dazu, den Rang des Landes erkennbar zu machen. Das höfische Zeremoniell verdeutlichte Macht und Ansehen. Die Fürsten beschäftigten Komponisten, Musiker, Architekten, Maler, Bildhauer und Handwerker. Viele renommierte Hofkünstler arbeiteten im Lauf ihres Lebens an Höfen in ganz Europa. Waren die ortsansässigen Künstler und Handwerker nicht in der Lage, die gewünschte Ausstattung zu liefern, wurden die Luxusgüter in den Handelsmetropolen erworben oder aus Manufakturen in der ganzen Welt importiert.

Für so genannte Reiseservice entwickelten die Fürsten eine besondere Vorliebe. Das Augsburger Service besteht aus vier Gläsern und 22 Silber-

teilen, darunter mehrere Kerzenleuchter, ein großer Spiegel, ein Becken mit Helmkanne, ein Spucknapf, eine Kredenz, zwei Saucieren und mehrere Deckeldosen. Die Toilette- und Speiseutensilien waren für die ausgedehnte Morgentoilette an wechselnden Orten gedacht. Der Koffer erleichterte den Transport.

Leben in Stadt und Land

Im 18. Jahrhundert wohnten etwa zwei Drittel der Menschen in Deutschland auf dem Land, ein Drittel in den Städten. Die meisten Städte waren allerdings ländlich geprägt. Nur etwa fünf Prozent aller Deutschen hatten in Städten mit mehr als 10 000 Einwohnern ihren Wohnsitz. In den meisten Städten waren die Pfarreien Bindeglied zwischen der Obrigkeit und dem Kirchenvolk. Sie verkündeten Erlasse, übten die Schulaufsicht aus und regelten die Verteilung der städtischen Almosen.

Auf dem Land lebten nicht nur Gutsherren und Bauern, sondern auch Handwerker, Tagelöhner und Gesinde. Das dörfliche Leben drehte sich um Kirche und Wirtshaus, Schmiede, Meierei und Mühle. In der bäuerlichen Familienwirtschaft gab es eine Aufteilung zwischen traditionell männlichen und weiblichen Tätigkeiten. Der Lebensrhythmus war ganz auf die Jahreszeiten ausgerichtet. Strenge Winter, Frühjahrsüberschwemmungen, verregnete Sommer und Heuschreckenplagen konnten eine gute Ernte zunichte machen und eine mehrjährige Hunger- und Gewerbekrise auslösen. Ausreichende Erträge der einheimischen Landwirtschaft bildeten die Lebensbasis aller Bevölkerungsgruppen. Getreide war das allgemeine Grundnahrungsmittel. Fleisch und Fisch kamen auf dem Land nur an Festtagen auf den Tisch.

Ein wachsender Anteil der Bevölkerung befand sich ständig auf Wanderschaft auf der Suche nach einem auskömmlichen Leben. Handwerksgesellen konnten auf Arbeit und Unterkunft hoffen. Abgedankte Soldaten, unstete Tagelöhner, Hausierer, Bettler und mittellose Wanderjuden wurden nirgendwo länger geduldet.

Berufe und Stände
Süddeutschland um 1750
Öl, Leinwand
1989/144

Nicht alle Stadtbewohner gehörten dem bürgerlichen Stand an. Das Bürgerrecht war an Haus- oder Geldbesitz gebunden. Selbständige Handwerksmeister, Kaufleute und Unternehmer konnten das Bürgerrecht erwerben. Dazu kamen im 18. Jahrhundert die Beamten und Akademiker.

Keinen Anspruch auf das Bürgerrecht hatten Lehrlinge, Gesellen, Knechte, Juden, Tagelöhner und Bettler sowie Mitglieder anderer Konfessionen. Auch Angehörigen der »unehrlichen« Gewerbe wie Badern und Barbieren blieb das Bürgerrecht versagt.

Das Bürgerrecht ermöglichte den Zugang zum Markt und die Ausübung einer gewerblichen Tätigkeit. Zu den Pflichten zählte die Mitgliedschaft in der Bürgerwehr. Stadtbewohner ohne Bürgerrechte mussten zwar Steuern zahlen, hatten aber keine Privilegien.

Die Lebensbedingungen der Bauern entwickelten sich in Deutschland von Region zu Region unterschiedlich. Im Westen und Süden waren die Bauern Pächter ihrer Höfe. Im östlichen Westfalen lebten viele Freibauern.

Östlich der Elbe bewirtschafteten die Bauern das Land meist als Leibeigene im Frondienst der adligen Gutsherren. Bauern, die sich in kriegsverwüsteten Landesteilen oder entlegenen Gebieten niederließen, erhielten oft ihre Freiheit.

Fast jeder größere Haushalt beschäftigte Gesinde. Die Dienstboten, Knechte und Mägde entstammten meist der klein- oder unterbäuerlichen Schicht. Aber auch die nachgeborenen, nicht erbberechtigten Söhne vieler Bauern verbrachten einige Zeit als Knechte in fremden Diensten. Junge Frauen arbeiteten als Dienstmädchen, bis sie einen heiratsfähigen Ehepartner fanden.

Der Heiratskontrakt
Johann Daniel Bager
(Wiesbaden 1734–1815)
Frankfurt am Main 1762
Öl, Holz
1988/296

Die Großfamilie mit mehreren Generationen unter einem Dach war im 17. und 18. Jahrhundert eine Lebensform, die sich nur gut gestellte Adels- und Bürgerhäuser leisten konnten. Normalerweise verließen junge Leute früh das

Elternhaus, um in fremden Hausgemeinschaften unterzukommen und auf Jahre als Geselle oder im Gesindedienst zu arbeiten. Für Abhängige und Arme herrschte das Eheverbot. Männer heirateten erst Ende 20, wenn das Auskommen durch eine erworbene Meisterwerkstatt oder einen ererbten Bauernhof gesichert war.

Es war üblich, Ehen unter dem Kalkül des Geld- und Prestigegewinns zu schließen. Ein zentraler Punkt des Ehevertrages war die Mitgift. Das Thema inspirierte auch den Maler Johann Daniel Bager: Während der Notar die Geldbeträge notiert und die Ehevermittlerin mit der Braut spricht, wendet sich der offensichtlich jüngere Bräutigam der hübschen Dienstmagd zu.

In einer langen Ehe wurden fünf bis acht Kinder geboren, von denen nur wenige das Kindesalter überlebten. Die Sterberate bei Säuglingen und Wöchnerinnen war hoch. Wegen der eingeschränkten Heiratsrechte stieg im 18. Jahrhundert die Zahl der unehelichen Geburten.

Reliquienaltar
»Die 14 Nothelfer«
Süddeutschland um 1700
Holz, Glas, Draht, Seide, Elfenbein
KG 93/39

Religion und Kirche boten Halt und Orientierung. Religiöse Feiertage und Riten strukturierten das Leben. Alle Lebensstationen von der Taufe bis zum Tod wurden mit der Gemeinde in der Pfarrkirche gefeiert. Vor allem in katholischen Regionen entstanden prächtige barocke Kirchenbauten und Klosteranlagen.

Wallfahrten und Heiligenverehrung gehörten zur Frömmigkeit. Seit dem 14. Jahrhundert zählten 14 Heilige zu den Nothelfern: die drei Bischöfe Dionysius, Erasmus und Blasius, die drei Jungfrauen Barbara, Margaretha und Katharina, die drei Ritter Georg, Achatius und Eustachius, der Arzt Pantaleon, der Mönch Ägidius, der Diakon Cyriakus, der Knabe Vitus und der Riese Christopherus.

Im Zentrum der protestantischen Frömmigkeit stand die Predigt. Entsprechend errichteten die beiden evangelischen Kirchen – Lutheraner und Reformierte – viele Gotteshäuser mit Emporen, die allen Gläubigen den Blick auf die Predigtkanzel ermöglichten.

Die jüdischen Gemeinden waren im Inneren religiös und kulturell autonom. Sie besaßen Synagogen und Friedhöfe, Rabbiner und Schulen.

Der deutsche Dualismus und Europa

Nach dem Tod Kaiser Karls VI. im Jahr 1740 eskalierte die Rivalität zwischen Österreich und Preußen. Kaiser Karl VI. hatte bereits in der »Pragmatischen Sanktion« von 1713 die Nachfolge auf dem Kaiserthron bestimmt. Bayern, Preußen und Frankreich erhoben jedoch Einspruch gegen eine weibliche Erbfolge innerhalb des Hauses Habsburg. Es kam zum Österreichischen Erbfolgekrieg. Kaiser Karl VII., ein Wittelsbacher, bestieg 1742 den Thron. 1745 wurde schließlich Franz I. Stephan von Lothringen, der Ehemann Erzherzogin Maria Theresias, in Frankfurt am Main zum Kaiser gekrönt.

Die fünf europäischen Großmächte waren England, Frankreich, Österreich, Preußen und Russland. England und Frankreich kämpften um die Besitzungen in Übersee. Österreich und Preußen führten Krieg um Schlesien. Nach Beendigung des Siebenjährigen Kriegs 1756–1763, schrieb der Friede von Hubertusburg den Vorkriegsstand zwischen Österreich, Sachsen und Preußen fest.

Nun richtete sich der Expansionsdrang Österreichs, Preußens und Russlands gegen das politisch geschwächte Polen. Prinz Heinrich von Preußen und Zarin Katharina von Russland verhandelten 1771 über eine Aufteilung Polens. Kaiser Joseph II., Nachfolger des 1765 verstorbenen Kaisers Franz I., setzte 1772 gegen den Willen seiner Mutter Maria Theresia die Teilnahme Österreichs an der ersten Teilung Polens durch.

König Friedrich II. von Preußen (1712–1786) als Feldherr

Antoine Pesne (Paris 1683–1757 Berlin) und Werkstatt
Berlin / Potsdam um 1745
Öl, Leinwand, 1990/28

Als ältester Sohn des »Soldatenkönigs« Friedrich Wilhelm I. folgte Friedrich II. seinem Vater 1740 auf dem Thron. Die preußische Uniform trug er seit seinem Eintritt in die Armee im Alter von zehn Jahren. Das Bildnis zeigt ihn in der Uniform seines Leibbataillons mit der Schärpe und dem Bruststern des »Hohen Ordens vom Schwarzen Adler«.

Unter Friedrich II. »dem Großen« gehörte Preußen zu den reformfreudigen, aufgeklärten Fürstenstaaten. Der König ordnete kurz nach der Thronbesteigung 1740 die Abschaffung der Folter und die Aufhebung der Zensur an. Die Modernisierung und Vereinheitlichung der Rechtsprechung in allen preußischen Provinzen wurde zum Hauptanliegen.

Friedrich II. suchte auch den Kontakt zu Philosophen der Aufklärung. Besonders eng, aber auch voller Spannungen war sein Verhältnis zu Voltaire, dem er zwischen 1736 und 1778 nahezu 300 Briefe schrieb.

Maria Theresia (1717–1780) als Erzherzogin von Österreich und Königin von Böhmen und Ungarn
Martin van Meytens d. J.
(Stockholm 1695–1770 Wien)
um 1745
Öl, Leinwand, Gm 96/6

Da Kaiser Karl VI. zwei Töchter, aber keinen Sohn hatte, sollte 1740 entsprechend der »Pragmatischen Sanktion« Erzherzogin Maria Theresia das habsburgische Erbe antreten. Sie ließ sich 1741 in Pressburg und in Prag zur Königin von Ungarn und von Böhmen krönen. Bereits 1736 hatte Maria Theresia den am Wiener Hof aufgewachsene Franz Stephan von Lothringen geheiratet, der ihr auch nach seiner Krönung zum römisch-deutschen Kaiser 1745 die führende politische Rolle einräumte. Franz stand Maria Theresia vor allem bei administrativen und finanzpolitischen Reformen zur Seite. Aus der Ehe der beiden gingen 16 Kinder hervor. Nach dem Tod Kaiser Franz' I. wurde 1765 der älteste Sohn Maria Theresias als Kaiser Joseph II. Mitregent seiner Mutter.

Modell einer zwölfpfündigen Kanone
Preußen 1759/1762
Messing, Holz
W 3282

Im Siebenjährigen Krieg 1756–1763 bildeten Österreich, Frankreich und Russland erstmals eine gemeinsame Allianz. Ziel eines bereits 1746 geschlossenen Geheimabkommens zwischen Österreich und Russland gegen Preußen war die Rückeroberung Schlesiens für Österreich und die Eroberung Ostpreußens für Russland.

Als Friedrich II. von den geheimen Plänen Kenntnis bekam, fand das bedrohte Preußen in England seinen Verbündeten. Um den Gegnern zuvorzukommen, rückte König Friedrich II. Ende 1756 in das auf Seiten Österreichs stehende Sachsen ein. Das Modell der Kanone diente im Berliner Zeughaus zur Ausbildung von Artilleristen.

Nach ersten Siegen für die preußische Armee folgte ein lang andauernder, verlustreicher Mehrfrontenkrieg. Er kostete auf allen Seiten Zehntausende von Menschenleben.

Die Herrschaft der Vernunft

Wissen bekam im 18. Jahrhundert einen wachsenden Stellenwert. Der Bildungshunger der Bürger war auf praktischen Fortschritt und Rationalität ausgerichtet. Zeitschriften und Lexika berichteten über neue Entwicklungen in den Natur-, Rechts- und Geisteswissenschaften.

Die Aufklärung war eine europäische Bewegung. Die Schriften der französischen Philosophen Voltaire und Jean Jacques Rousseau erschienen in deutscher Sprache. Die Werke Moses Mendelssohns wurden ins Französische, Italienische, Englische und Holländische übersetzt. Zu den Themen Ökonomie, Technik und Naturwissenschaften kamen die wichtigsten Impulse aus England. Der übernationale Verbund der Freimaurer erklärte Toleranz und Brüderlichkeit zu zentralen sittlichen Werten.

Residenzstädte wie Braunschweig, Darmstadt, Mannheim, Weimar, Dessau, Eutin und Berlin entwickelten sich dank der »Modernität« der Landesherren zu Stätten einer europäisch orientierten Aufklärungsbewegung. Rationelle Staatsführung und Reformen im Bildungs- und Rechtswesen lagen ganz im Interesse der aufgeklärten Fürsten.

Die Standesschranken zwischen den adligen und bürgerlichen Bildungseliten spielten nur noch eine untergeordnete Rolle. Man traf sich in privaten Salons und Lesegesellschaften. In Weimar versammelte Herzogin Anna Amalia Intellektuelle und Künstler um sich. Zu den Teilnehmern der Weimarer Runden gehörten Johann Wolfgang von Goethe, Friedrich von Schiller, Christoph Martin Wieland und Johann Gottfried Herder.

Critik
der
reinen Vernunft
von
Immanuel Kant
Professor in Königsberg.

Riga,
verlegts Johann Friedrich Hartknoch
1781.

Critik der reinen Vernunft
Immanuel Kant
(Königsberg 1724–1804 Königsberg)
Riga 1781
R 52/5908

Die Wurzeln der Aufklärung reichen bis in die Zeit des Humanismus und der Renaissance zurück. Daran anknüpfend propagierte der deutsche Philosoph Gottfried Wilhelm Leibniz im letzten Viertel des 17. Jahrhunderts einen umfassenden Zugang zu den Wissenschaften. Den frühen Aufklärern boten weltoffene Handelsstädte, bildungsfreundliche Residenzen und Klöster sowie fortschrittliche Universitäten Wirkungsmöglichkeiten. Die Philosophen Christian Thomasius und Christian Wolff lehrten an der 1694 gegründeten Universität in Halle.

Immanuel Kant studierte und lehrte an der Universität Königsberg. Zunächst setzte er sich mit Leibniz, Wolff, Newton und Rousseau auseinander. 1781 erschien die »Critik der reinen Vernunft« und bewirkte eine »Revolution der Denkungsart«. Das Buch gilt als wichtigstes Dokument für die Philosophie der europäischen Aufklärung und der klassischen deutschen Philosophie.

Moses Mendelssohn (1729–1786)

Jean Pierre Antoine Tassaert
(Antwerpen 1727–1788 Berlin)
Berlin 1783; um 1960 (Neuausformung)
Kg 62/35

Moses Mendelssohn lebte in Berlin. Seine Veröffentlichungen zu Fragen der Ästhetik, der Moral, des Glaubens und der jüdischen Emanzipation erschienen in zahlreichen Sprachen. Im 1768 erstmals aufgelegten »Phaedon oder über die Unsterblichkeit der Seele« lieferte er Beweise für die Unsterblichkeit der Seele. Das Buch war der erste deutschsprachige Beitrag eines Juden zur europäischen Kultur. Es wurde in zehn Sprachen übersetzt.

Ein grundlegendes Werk der jüdischen Aufklärung schrieb Mendelssohn mit »Jerusalem oder über religiöse Macht und Judentum« 1781. Der Autor behandelt darin das Problem des Verhältnisses zwischen Religion und Staat. Den Juden sei nur das Gesetz, nicht eine religiöse Lehre geoffenbart worden.

Johann Wolfgang von Goethe (1749–1832)

Gerhard von Kügelgen
(Bacharach 1772–1820 Dresden)
Weimar 1808/1809
Öl, Leinwand
Gm 96/15

Goethe nahm 1775 eine Einladung des Herzogs Karl August von Sachsen-Weimar nach Weimar an. Dort wirkte er als Dichter, Staatsmann und Naturforscher. 1891 übernahm er auch die Leitung des neugegründeten Hoftheaters.

Autoren wie Goethe, Schiller, Klopstock und Herder besannen sich auf Stoffe aus der deutschen Geschichte und Mythologie. Die Idee einer »deutschen Kulturnation« begründete ein neues Selbstbewusstsein und die Hoffnung, die politische Zersplitterung Deutschlands zu überwinden. Im Zusammenwirken von Goethe und Schiller entstand die »deutsche Klassik«.

Der von Kügelgen porträtierte Goethe trägt das Band der französischen Ehrenlegion und den Stern des russischen St.-Annen-Ordens. Die Auszeichnungen hatte er 1808 beim Fürstenkongress in Erfurt von Napoleon I. und Zar Alexander I. verliehen bekommen.

Mit der Französischen Revolution brach das politische Gefüge in vielen Teilen Europas auf. Durch die Napoleonischen Kriege kam die europäische Staatenwelt zum Einsturz. Das Heilige Römische Reich deutscher Nation endete 1806. Französische Machtpolitik weckte das Nationalgefühl in den besetzten Ländern. Nach den Freiheitkriegen erhofften viele Bürger die Durchsetzung liberaler und nationaler Ideen.

1789 – 1871

Auf dem Wiener Kongress 1814/15 legten konservative Monarchen die Grundlagen für das neue Mächtesystem: Wiederherstellung des europäischen Gleichgewichtes und Stärkung des monarchischen Prinzips. An die Stelle des Reiches trat 1815 der Deutsche Bund.

Zwischen 1816 und 1845 stieg die Bevölkerungszahl erheblich, dies war eine Voraussetzung für die Industrialisierung. Die neue Formen der Produktion benötigten eine enorme Zahl von Arbeitskräften. Das kapitalistische Wirtschaftssystem erzeugte scharfe Klassengegensätze und Konflikte.

1848/49 bracht eine Revolutionswelle über Europa herein. Zentrale Forderungen waren Demokratisierung der Herrschaftssysteme und Schaffung von Nationalstaaten. In Frankfurt versuchte das erste deutsche Parlament, einen konstitutionell verfassten Nationalstaat zu gründen.

Nach der Niederschlagung der Revolution stand in Deutschland die Rivalität zwischen Preußen und Österreich der Gründung eines Nationalstaates entgegen. Erst die Niederlage Österreichs im Deutschen Krieg 1866 und der Sieg über Frankreich ermöglichten unter der Führung Preußens die Reichsgründung 1871.

Von der Französischen Revolution zum Wiener Kongress

Mit der Französischen Revolution begann 1789 ein neues Zeitalter. Im weiteren Verlauf wurde das »Ancien régime« in Frankreich gewaltsam beseitigt und das gesellschaftliche Gefüge in vielen Teilen Europas aufgebrochen. Infolge der französischen Machtexpansion, die aus den Revolutionskriegen erwuchs, verbreiteten sich auf dem Kontinent revolutionäre Ideen, die auf vernunftrechtlichen Normen beruhten.

Die europäischen Mächte kämpften in wechselnden Koalitionen gegen Frankreich. Napoleon zerstörte das europäische Gleichgewicht und brachte die deutsche Staatenwelt zum Einsturz. Der Reichsdeputationshauptschluss 1803 und die Gründung des Rheinbundes 1806 markierten den Prozess der Reichsauflösung. Die Niederlegung der Kaiserkrone durch Franz II. 1806 bedeutete das Ende des Heiligen Römischen Reiches deutscher Nation. Nach der Erhebung der österreichischen Erblande zum Kaisertum trug der Habsburger den Titel Kaiser Franz I. von Österreich.

Die Vormacht Frankreichs weckte das Nationalgefühl vieler Menschen. Sie erhoben sich gegen Napoleons Herrschaft und erhofften sich nach den Freiheitskriegen 1813/14 die Durchsetzung liberaler und nationaler Ideen. Auf dem Wiener Kongress 1814/15 entschieden aber überwiegend konservative Monarchen und Staatsmänner über die Neuordnung Europas.

Der Ballhausschwur am 20. Juni 1789

Louis David und Jean-Pierre Jazet
(Paris 1748–1825 Brüssel)
Frankreich nach 1823
Aquatinta
Gr 99/107

Erstmals seit 175 Jahren traten die Generalstände am 5. Mai 1789 in Versailles zusammen. Sie sollten die Staats- und Finanzkrise lösen. Nach sechs Wochen fruchtloser Debatten erklärte sich der Dritte Stand am 17. Juni 1789 zur Nationalversammlung. Abgeordnete des Ersten und Zweiten Standes – Klerus und Adel – schlossen sich ihm an.

Die Selbsternennung zur Assemblée Nationale war für das Königshaus eine Provokation. Es ließ den Sitzungssaal in Versailles räumen. Die 577 Abgeordneten trafen sich nun im Jeu de Paume, einer Ballspielhalle. Am 20. Juni 1789 schworen sie, »sich niemals zu trennen …, bis die Verfassung des Königreiches geschaffen« wäre.

Der Ballhausschwur markierte das Ende des Ancien Régime. Mit der Verfassung vom 3. September 1791 wurde Frankreich zur konstitutionellen Monarchie. Ihre Präambel enthielt die »Erklärung der Menschen- und Bürgerrechte«. Sie verwirklichte die Prinzipien der Volkssouveränität und Gewalteilung. Die politische Mitwirkung war an Vermögen, Bildung und Geschlecht gebunden. Die Nationalversammlung löste sich wenig später auf. Die politischen, finanziellen und religiösen Probleme Frankreichs blieben ungelöst.

Zwei Soldaten der französischen Revolutionsarmee in »Sansculotten« beim Auszug aus Mainz

Weimar 1793
Radierung, koloriert
Gr 54/37

Zwei Tage nach der französischen Besetzung von Mainz entstand am 23. Oktober 1792 der »Mainzer Jakobiner-Klub«. Zu den 500 »Klubisten« zählten Handwerker und kleine Kaufleute. Sie wollten die Errungenschaften der Französischen Revolution auch auf Deutschland übertragen. Im März 1793 erklärte der »Nationalkonvent der freien Deutschen diesseits des Rheins« einen Freistaat zwischen Landau und Bingen.

Diese »Mainzer Republik« war die erste deutsche Republik. Auf dem Land erhielt sie mehr Unterstützung als in den Städten. Die Republik wie auch die Vereinigung mit Frankreich scheiterten, als Ende März die Koalitionstruppen Mainz einschlossen. Am 23. Juli 1793 zogen die französischen Truppen nach neunmonatiger Besatzungszeit ab. Unter dem Einfluss der Besatzungszeit spaltete sich die politische Öffentlichkeit in Deutschland. Die Revolution verlor ihre Befürworter.

Als zwei verwegene Besatzer werden in dieser Grafik die beiden Soldaten des buntzusammengewürfelten französischen Volksheeres dargestellt. Sie tragen den traditionellen Uniformrock mit der zweifarbig gestreiften langen Hose, den »Sansculottes« ohne Kniehosen.

Österreichische Infanteriefahne in den schwarz-gelben Reichsfarben
Österreich 1806/1811
Seidentaft, bemalt
Fa 59/90

Am 25. Juli 1806 wurde die Rheinbundakte ratifiziert. Jeder der 16 mit Napoleon verbündeten deutschen Fürsten verpflichtet sich, am 1. August dem Reichstag zu Regensburg »seine Trennung vom deutschen Reich« anzuzeigen. Napoleon erkannte die alte Reichsverfassung nicht an und forderte die Niederlegung der Reichskrone. Vier Tage vor Ablauf des Ultimatums unterzeichnete Kaiser Franz II. am 6. August 1806 die Abdankungsurkunde.

Die Auflösung des Alten Reiches 1806 hatte mehrere Gründe: Die fehlerhafte Politik des Kaisers und seiner Minister, die Rivalität zwischen Österreich und Preußen, die Reformunfähigkeit des Reiches und seiner Reichsverfassung, die das Entstehen moderner Einrichtungen behinderte, und der außenpolitische Druck sowie die Invasion durch das napoleonische Frankreich. Die aus der Niederlegung der Reichskrone

resultierenden politischen Folgen fanden ihren Niederschlag auch im Wappen der Heeresfahnen: Die beiden Adlerköpfe tragen kleinere Königskronen und werden von der kaiserlichen Hauskrone der Habsburger überhöht. Brustbild und Einzelwappen beschränken sich nun auf das österreichisch-ungarische Stammland.

Napoleon I. als »Kaiser der Franzosen« im Krönungsornat

François Gérard (Rom 1770–1837 Paris) und Werkstatt
Paris 1806/1810
Öl, Leinwand
1990/3083

Frankreich verlangte seit 1800 nach einem Zeichen der Anerkennung der Erfolge Napoleons. Auch erstarkten monarchistische Strömungen, die das Konsulat in eine Monarchie umwandeln wollten. Der Senat beschloss am 25. Floréal XII (18. Mai 1804) »die Regierung der Republik … einem Kaiser« anzuvertrauen, »… Napoleon Bonaparte, derzeit Erster Konsul der Republik, ist Kaiser der Franzosen.«

Die Krönungszeremonie fand im Jahre 1804 in Nôtre-Dame statt. Nach der Salbung krönte sich Napoleon in Anwesenheit des Papstes selbst. Mit dem Eid zur Wahrung revolutionärer Errungenschaften bestätigte er sich »als siegreicher Vertreter der triumphierenden Revolution«.

Bildnisse zeigten seine neue Funktion und wurden an die Höfe Europas verschenkt. Maler waren beauftragt, Repliken von einmal akzeptierten Motiven herzustellen. Zu diesen gehörte auch das Repräsentationsporträt von François Gérard. In über zwanzig Wiederholungen ist es überliefert.

Napoleon trägt den Lorbeerkranz römischer Feldherren. Sein Hermelin ist bestickt mit goldenen Bienen, dem Attribut des Merowingerkönigs Childerich. Der Reichsapfel gehört zu den Reichsinsignien Karls des Großen. Der blaue Teppich mit Lilien verweist auf die Bourbonen, deren Nachfolge er antrat.

Visitenkarten von Delegierten bei der Unterzeichnung der Gründungsurkunde des Rheinbundes

Fontainbleau 12.–16. Juli 1806
Do 75/243 I

Die Bildung eines Bundes aller deutschen Mittelstaaten erfolgte mit französischer Unterstützung und war eng mit der Auflösung des Heiligen Römischen Reiches deutscher Nation verbunden. Nach der Niederlage Österreichs im Dritten Koalitionskrieg 1805 sagten sich 16 deutsche Fürsten von Kaiser und Reich los. Am 12. Juli 1806 unterzeichneten sie in Paris die Rheinbundakte.

Mitglieder des Rheinbundes waren die Könige von Bayern und Württemberg, der Erzbischof von Mainz, die Großherzöge von Baden, von Berg und von Hessen-Darmstadt, die Herzöge von Nassau-Usingen und von Arenberg, die Fürsten von Nassau-Weilburg, von Hohenzollern-Hechingen, von Hohenzollern-Sigmaringen, von Salm-

Salm, von Salm-Kyrburg, von Isenburg-Birstein, von Liechtenstein und von der Leyen. Bis 1807 kamen weitere 23 Mitgliedsstaaten hinzu.

Der Rheinbund stand unter dem Protektorat Napoleons. Die Rheinbundstaaten gaben am 1. August 1806 in Regensburg dem Reichstag ihre Austrittserklärung durch Gesandte bekannt.

Siegesmeldung nach der Schlacht bei Leipzig 1813
Johann Peter Krafft
(Hanau 1780–1856 Wien)
Wien 1839
Öl, Leinwand
Gm 96/38

Der Russlandfeldzug führte zu Napoleons Niederlage. Preußen und Österreich lösten 1812/13 nach einer Militärkonvention mit Russland ihre Truppen aus dem französischen Heeresverband heraus. Diesem Bündnis schlossen sich weitere Staaten an. Hauptziele waren die Niederwerfung der französischen Hegemonie und die Wiederherstellung des Gleichgewichts in Europa.

Viele Patrioten richteten ihre Hoffnung auf die staatliche Einigung Deutschlands. Als Freiwilligenverbände schlossen sie sich den regulären Truppen der Koalition an. Der Krieg gegen Napoleon war eine nationale Sache. Aber nicht alle traten der Koalition bei. Noch kämpften das Königreich Sachsen, polnische Einheiten und rheinbündische Kontingente auf französischer Seite.

Das Gemälde zeigt, wie der Oberbefehlshaber Fürst Schwarzenberg den Monarchen Zar Alexander I., Kaiser Franz I. von Österreich und König Friedrich Wilhelm III. von Preußen die Siegesmeldung überbringt. Rund 500 000 Soldaten nahmen vom 16. bis 19. Oktober 1813 teil. Sie war eine der größten und blutigsten Schlachten der europäischen Geschichte: Die Verbündeten zählten 54 000 und das französische Heer 30 000 Tote. Der endgültige Sieg über Napoleon gelang erst in der Schlacht von Waterloo am 18. Juni 1815.

Der Wiener Kongress und die Ära Metternich

Der Wiener Kongress 1814/15, an dem fast alle Staaten und Fürsten Europas teilnahmen, legte die Grundlagen für das nachnapoleonische Mächtesystem. Durch die Wiederherstellung des europäischen Gleichgewichtes und die Stärkung der monarchischen Solidarität ermöglichte er eine vergleichsweise friedliche Zeit. Die Neuordnung Europas war in erster Linie das Werk des österreichischen Staatsmannes Clemens Wenzel Fürst von Metternich. Er lehnte alle liberalen und nationalen Ideen seiner Zeit als staatsgefährdend ab.

An die Stelle des 1806 aufgelösten Heiligen Römischen Reiches deutscher Nation trat 1815 der Deutsche Bund. Da er die Staaten nicht zu einer festen Einheit verband, war er von nationaler und liberaler Seite der Kritik ausgesetzt. Der Deutsche Bund wurde unter Führung Österreichs zu einem Vollzugsorgan der Restauration.

In der Zeit bis 1848 höhlten bürgerliche Reformbestrebungen, die mit der Industrialisierung verbundenen sozioökonomischen Veränderungen und der Nationalstaatsgedanke das Metternichsche System aus. Liberale, nationale und teilweise bereits soziale Forderungen bildeten den Nährboden für die Revolutionen in Europa.

Die Unterhändler des Wiener Kongresses 1815

Jean-Baptiste Isabey und Jean Godefroy
Frankreich 1819
Kupferstich
1988/290

Der französische Hofkünstler Isabey kam im Gefolge der französischen Delegation nach Wien. Dort wurde der Zweite Pariser Frieden verhandelt. Der Künstler zeichnete die internationalen Vertreter und komponierte sie zu einem Bild.

In der linken Bildhälfte stehend und auf den Betrachter blickend weist der österreichische Staatskanzler Metternich auf den britischen Außenminister Castlereagh, der lässig vor ihm auf einem Stuhl sitzt. Diesem gegenüber sitzt als Rückenfigur der preußische Staatskanzler Hardenberg. Neben ihm im Fensterrahmen steht der Herzog von Wellington, einer der Sieger von Waterloo.

In der rechten Bildhälfte schaut als Einziger der französische Delegierte Talleyrand aus der Szene heraus. Nur seinem diplomatischen Geschick war es zu verdanken, dass die Interessen Frankreichs auf dem Kongress Beachtung fanden.

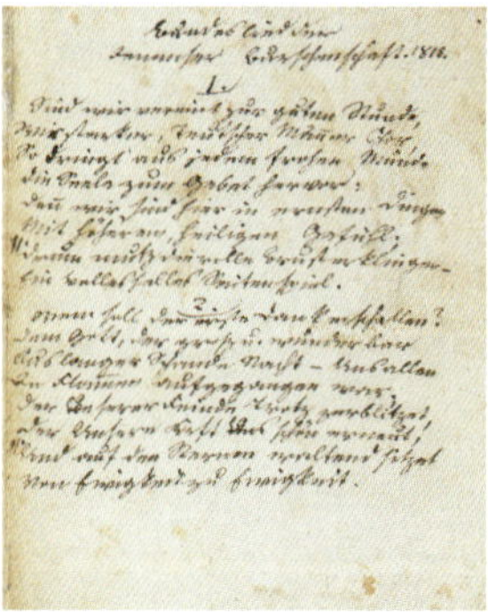

Bundeslied der Jenaer Burschenschaft
Abschrift von Karl Ludwig Sand
(Wunsiedel 1795–1820 Mannheim)
Deutschland nach 1815
Do 2000/50

Das Bundeslied der 1815 gegründeten Jenenser Burschenschaft »Sind wir vereint zur guten Stunde, / wir starker, teutscher Männer Chor, …« stammt von Ernst Moritz Arndt. Bekannt geworden war er mit Dichtungen wie »Was ist der Deutschen Vaterland« oder »Freiheit Schlachtruf«. Zu seinen Bewunderern zählte auch der Theologiestudent Karl Ludwig Sand, der am 18. Oktober 1817 auf der Wartburg an einer Demonstration der Burschenschafter für die nationale Einheit Deutschlands und am Verbrennen »undeutscher Bücher« teinahm. Darunter befanden sich auch Theaterstücke von August von Kotzebue.

Kotzebue hatte sich über das Verhalten der Burschenschaften öffentlich empört. Unter dem Einfluss radikaler Teile der Burschenschafter ermordete Sand daraufhin am 23. März 1819 den in russischen Diensten stehenden Staatsrat Kotzebue. Sand wurde verhaftet und 1820 in Mannheim mit dem Schwert hingerichtet. Obgleich Arndt in keiner direkten Verbindung zu dem Attentäter Sand stand, wurde seine Wohnung durchsucht und ein Kriminalverfahren gegen ihn eingeleitet. Die Ermordung führte zu den »Karlsbader Beschlüssen«. Diese verboten politische Aktivitäten der Burschenschafter und führten die Zensur ein.

Das Lesekabinett
Lukas Arnold
(Chemnitz 1815–1854 Dresden?)
Dresden um 1840
Öl, Leinwand
Kg 63/6

Aus der Tradition der Salons und Lesegesellschaften der Aufklärung und Frühromantik entstanden im Vormärz halböf-

fentliche Leserunden. Zu Bildung der »öffentlichen Meinung« trugen vor allem die nach 1830 gegründeten Zeitungen und Zeitschriften bei. Die Lockerung der Zensur brachte nach 1840 eine vielfältige Presse unterschiedlichster politischer Richtungen hervor. Je nach sozialer Herkunft trafen sich die Leserunden in Clubs, Vereinen, Cafés oder Wirtshäusern.

In dem dargestellten Lesekabinett wird eine Fülle von Zeitschriften vorrätig gehalten. Ältere Ausgaben liegen in Regalen. Über die Zeitungen gebeugt und teils in Zweiergesprächen vertieft, befindet sich diese Lesegesellschaft wohl im Nebenzimmer eines öffentlichen Café.

Diese Runden waren die ersten halböffentlichen Debattierklubs, aus denen während des Revolutionsjahres 1848 die ersten politischen Vereine hervorgingen. Häufig bezeichneten sie ihre Fraktionen nach ihren Treffpunkten. So hieß zum Beispiel die konservative Fraktion der Paulskirche nach dem »Café Milani«. Die Linksliberalen bildeten die Fraktion »Deutscher Hof«.

Innenansicht der Walhalla bei Regensburg

Bernhard Grueber (Donauwörth 1807–1882 München) zugeschrieben
Süddeutschland um 1842
Aquarell, gouachiert, bronziert
Gr 2004/189

Die Walhalla wurde als Ruhmeshalle der Deutschen vom Architekten Leo von Klenze im Auftrag des bayerischen König Ludwig I. seit 1830 errichtet. Ihre Vorbilder waren der Parthenon-Tempel in Athen und das Pantheon in Paris. Der Name leitet sich aus der germanischen Mythologie ab: Walhall, die Wohnstatt der Götter.

Am 18. Oktober 1842, dem 29. Jahrestag der Völkerschlacht bei Leipzig, weihte Ludwig I. das Gebäude feierlich mit den Worten ein: »Möchte die Walhalla förderlich sein der Erstarkung und der Vermehrung Deutschen Sinnes! Möchten alle deutschen, welchen Stammes sie auch seien, immer fühlen, dass sie ein gemeinsames Vaterland haben«. In der Ruhmeshalle waren damals 160 Büsten und Gedenktafeln deutscher Persönlichkeiten versammelt.

Sie gilt als ein erstes Nationaldenkmal. Heute gedenkt man im Innern an 190 Personen. In letzter Zeit wurden u. a. aufgenommen: 1990 Albert Einstein, 1998 die Ordensgründerin Schwester Maria-Theresia Gerhardinger, 1999 Altbundeskanzler Konrad Adenauer und 2003 Sophie Scholl.

Das Lied der Deutschen

Text: August Heinrich Hoffmann von Fallersleben (Fallersleben 1798–1874)
Melodie: Joseph Haydn (1732–1809)
Hamburg u. Stuttgart 1. September 1841
1987/281.1–2

Hoffmann von Fallersleben, Germanist, Dichter und Liedermacher, sang und agitierte für die politische Einheit Deutschlands. 1841 verlor er wegen seiner »Unpolitischen Lieder« seine Professur in Breslau und floh auf die damals englische Insel Helgoland. 1841 setzte er dem österreichischen Huldigungstext »Gott erhalte uns den Kaiser« nach der Melodie des Kaiserquartetts von Joseph Haydn sein »Lied der Deutschen« entgegen. In seinen Versen spiegelt sich die Sehnsucht nach nationaler Einheit und nach einem Ende der politischen Unterdrückung in »Recht und Freiheit« wider.

Nach der Reichsgründung 1871 gewann das Lied politisch an Bedeutung und wurde populärer. Aber erst in der Weimarer Republik erklärte Reichspräsident Friedrich Ebert 1922 »Das Lied der Deutschen« zur Nationalhymne. Nach dem Zweiten Weltkrieg wurde die Hymne zunächst vom Alliierten Kontrollrat verboten, da die erste Strophe Gebiete ansprach, die nicht mehr zu Deutschland gehörten. 1952 von Bundespräsident Theodor Heuß zur Nationalhymne bestimmt, wird als Text nur noch die dritte Strophe gesungen.

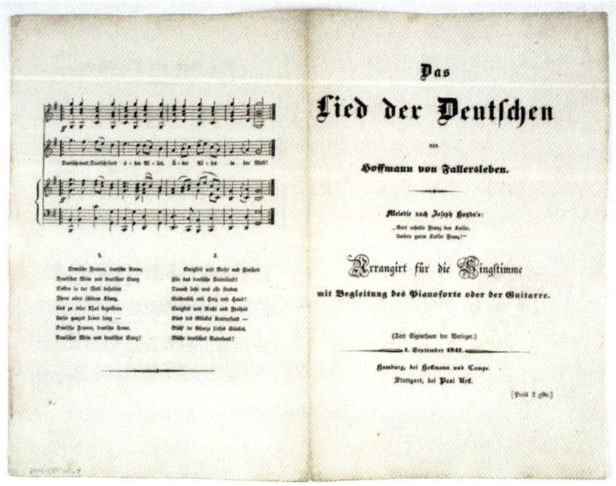

Industrialisierung und Arbeitswelt

Die Industrialisierung war eine Phase beschleunigter technologischer, wirtschaftlicher und gesellschaftlicher Veränderungen. Sie begann in Großbritannien in der zweiten Hälfte des 18. Jahrhunderts. In Deutschland setzte sie Anfang des 19. Jahrhunderts ein. Gekennzeichnet war sie durch den Einsatz neuer Techniken, die Nutzbarmachung neuer Energiequellen, zunehmende Arbeitsteilung, wachsende Spezialisierung sowie die Entwicklung des Finanzsektors und Verkehrswesens. Im Deutschen Bund entwickelten sich das Rheinland, Westfalen, Sachsen, Oberschlesien und Böhmen zu Industrieregionen.

Zwischen 1816 und 1845 stieg die Einwohnerzahl des späteren Reichsgebietes, ohne Elsaß-Lothringen, von 23 Millionen auf 32,7 Millionen. Die Bevölkerungsexplosion war eine wichtige Voraussetzung für die Industrialisierung. Sie brachte das Arbeitskräftepotenzial für neue Formen der Produktion hervor.

Die neue Klasse der Industriearbeiter entstand. Sie gerieten aufgrund des Überangebots an Arbeitskräften, mangelnder sozialer Absicherung und der Auswüchse des kapitalistischen Wirtschaftssystems häufig in große Not. Die »soziale Frage« erzeugte Klassengegensätze und schaffte Konflikte.

Zylinderdampfmaschine im neugotischen Stil

Gräflich Stolbergische Maschinenfabrik und Eisengießerei
Leistung: 9–12 PS
Magdeburg 1847
Gusseisen, Messing, Holz
Pro 62/151

1712 fertigte Thomas Newcomen erstmals funktionstüchtige Dampfmaschinen zur Entwässerung in Bergwerken.

James Watt ließ sich 1769 eine Dampfmaschine patentieren, die Spinn- und Webmaschinen antrieb. George Stephenson baute seit 1814 Dampflokomotiven. Sein Modell »The Rocket« wurde Vorbild für den Lokomotivenbau und weltweit exportiert. Das erste Dampfschiff befuhr bereits 1807 den Hudson River.

Dampfmaschinen zum Antrieb von Hammer, Walze und Gebläse revolutionierten die maschinelle Produktion technisch-industrieller Güter. Leistungsstarke Dampfmaschinen ermöglichten erst den Aufbau der Schwerindustrie.

Aktie der »Liverpool and Manchester Railway Company«
Großbritannien 18. November 1826
Pergament
Do 94/46

Der Ausbau des Schienennetzes und die Massenproduktion von Lokomotiven veränderten Europa innerhalb weniger Jahrzehnte. Mit der Eisenbahn kam die »Industrielle Revolution« in Gang. Tonnenschwere Güter wurden von Ort zu Ort bewegt. Rohstoffgewinnung und -verarbeitung mussten nicht mehr am gleichen Ort geschehen.

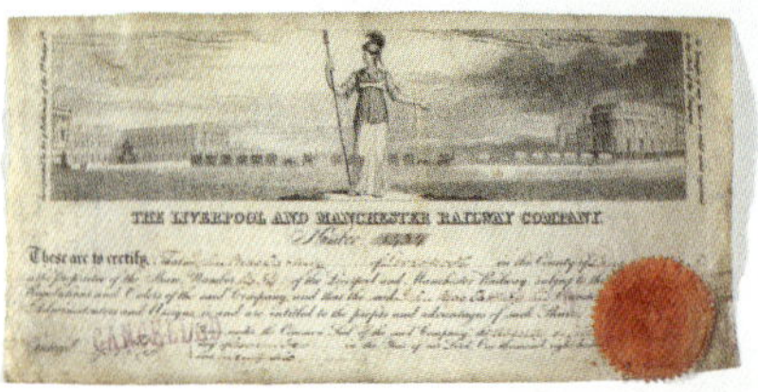

In Deutschland begann das Eisenbahnzeitalter 1835 mit der »Ludwigsbahn« zwischen Nürnberg und Fürth. Es folgten die Strecken Leipzig–Dresden und Berlin-Potsdam. Die Investitionen unternahmen zunächst Eisenbahngesellschaften, die sich durch den Verkauf von Aktien das benötigte Kapital von Privatpersonen besorgten.

»Gesinde-Zeugniß-Buch« für Wilhelmine Sporke
aus den Jahren 1839 bis 1868
Stadtrat Königsbrück 17. April 1839
Do 63/968

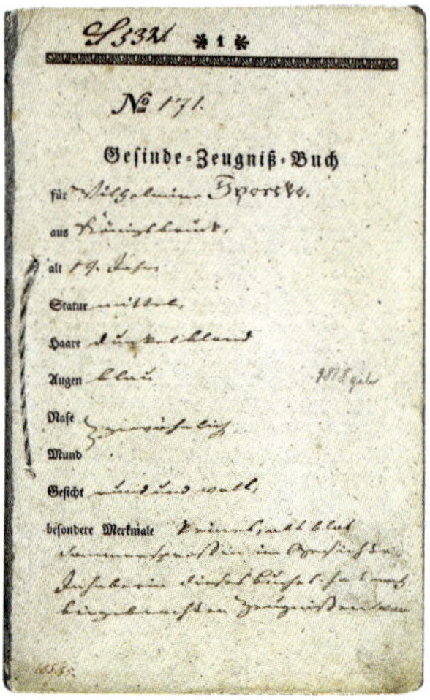

Gesinde- oder Dienstbotenordnungen wurden durch landesgesetzliche Vorschriften geregelt. Für Wilhelmine Sporke aus Dresden galt die Gesindeordnung des Königreichs Sachsen von 1835. In ihr wurden Pflichten und Rechte von Gesinde und Dienstherrschaft vorgeschrieben, so zum Beispiel über die Dienstzeit, das Kündigungsrecht und die Kündigungsfrist, über Verhaltensregeln, Krankenstand und andere Notfälle. Eine Gesindeordnung enthielt auch Bestimmungen zur Regelung von Streitigkeiten zwischen Herrschaft und Gesinde.

Es war Pflicht der Dienstboten, ein Dienstbotenbuch zu führen. Bei der Entlassung von Gesinde musste die Dienstherrschaft eigenhändig das in der Gesindeordnung vorgeschriebene Dienstzeugnis in das Buch eintragen. Wer dienstlos sich am Ort aufhielt, mussten bei der Polizei um eine Aufenthaltsgenehmigung und um deren Eintrag ins Dienstbuch nachsuchen.

1848 – Epochenschwelle zur Moderne

1848/49 brach eine Revolutionswelle über Europa herein und erfasste den größten Teil des Kontinents. Unruhen und Kämpfe erschütterten die politische und gesellschaftliche Ordnung in Frankreich, den deutschen und italienischen Staaten, dem österreichischen Vielvölkerstaat und den Grenzzonen des Osmanischen Reichs auf dem Balkan. In Belgien, den Niederlanden, der Schweiz und in Skandinavien verstärkten sich Reformbewegungen.

Zentrales Anliegen der politisch aktiven Bevölkerung in den meisten Kernräumen der Revolution war die Schaffung von Nationalstaaten. Hinzu kamen die Forderungen nach Demokratisierung der politischen Herrschaftssysteme und Neuordnung der Sozialverfassungen. In Frankfurt am Main versuchte das Paulskirchenparlament, einen konstitutionell verfassten deutschen Nationalstaat zu gründen.

Die nationalen, liberalen und sozialen Bestrebungen scheiterten, weil die restaurativen Mächte die Revolutionen niederschlagen konnten. Das Ende der Kämpfe leitete vielerorts reaktionäre Jahre ein, in denen sich die modernen Ideen nur langsam Bahn brachen.

Barrikadenkampf in der Rue Soufflot in Paris am 25. Juni 1848

Abbildung Seite 90
Horace Vernet (Paris 1789–1863 Paris) zugeschrieben
Paris 1848/1850
Öl, Leinwand
1991/33

Die Schließung der Nationalwerkstätten und die damit drohende Arbeitslosigkeit führten am 25. Juni 1848 zum ersten sozialistischen Arbeiteraufstand der Geschichte. Er wurde mit militärischer Übermacht und äußerster Brutalität niedergeschlagen. Es gab mehr als 3000 Tote.

Im Gemälde geht der Blick über ein Barrikade auf die angreifenden Regierungstruppen der Republik. Vom Pantheon her rücken sie mit der »Tricolore« gegen die Barrikade vor. Auf ihr weht die rote Fahne der aufständischen Arbeiter, die sich mit Steinen gegen die Truppen zu wehren versuchen.

Der Aufstand zeigte sich in seinen Zielen durch die Schriften von Karl Marx beeinflusst. Dessen »Kommunistisches Manifest« war im April 1848 in Paris verbreitet worden. Eine radikale Fraktion hatte bereits während der Februarrevolution erfolglos versucht, mit einem Regierungsbeschluss die »Rote Fahne« als neue französische Nationalfahne gegen die »Tricolore« durchzusetzen.

Sitzung der Nationalversammlung in der Paulskirche in Frankfurt am Main
Paul Bürde (Berlin 1819–1874 Berlin)
nach 1848
Lithographie
1990/408

Das erste Deutsche Parlament hatte sich am 18. Mai 1848 in der Paulskirche zu Frankfurt am Main konstituiert. Seine Aufgabe war die Schaffung einer Verfassung für den deutschen Gesamtstaat. Es tagte bis zum 30. Mai 1849. Die 587 Abgeordneten waren nach dem allgemeinen und gleichen Wahlrecht auf dem Gebiet des Deutschen Bundes gewählt worden. Professoren, Juristen und Verwaltungsbeamte stellten die größte Berufsgruppe dar. Die politische Parteienlandschaft ließ sich vereinfacht in Konservative, Liberale und Radikale einteilen.

Die Innenansicht gewährt einen Blick auf die Versammlung im Säulenrund der Kirche mit Heinrich Freiherr von Gagern am Präsidentenpult, vor ihm das Rednerpult mit Stenografentisch

und die gefüllten Sitzreihen der Abgeordneten. Um den Stenografentisch sind so bekannte und wie populäre Abgeordnete gruppiert: die Veteranen aus den Befreiungskriegen, wie »Turnvater Jahn« in altdeutscher Tracht und weißem Bart, der Dichter des »Deutschen Vaterlandes« Ernst Moritz Arndt, die Wegbereiter aus dem Vormärz Christoph Dahlmann und Jacob Grimm, der rheinische Liberale Hermann von Beckerath sowie der Radikalste der Abgeordneten, Arnold Ruge, und der gemäßigte Linke aus Leipzig, Robert Blum.

bung und anderes mehr. Oberste Reichsorgane waren der Kaiser, die Reichsregierung und der Reichstag. Ferner beinhaltete die Verfassung die Grundrechte.

Die Reichsverfassung scheiterte im Frühjahr 1849 am Erstarken der Reaktion und trat niemals in Kraft. Eine Einbindung Österreichs war nicht mehr möglich. Eine kleindeutsche Lösung mit dem preußischen König als Kaiser an der Spitze endete mit dessen Ablehnung. Die Kampagne zur Annahme der Reichsverfassung in anderen Bundesstaaten – so in Baden – wurde im Sommer 1849 blutig niedergeschlagen.

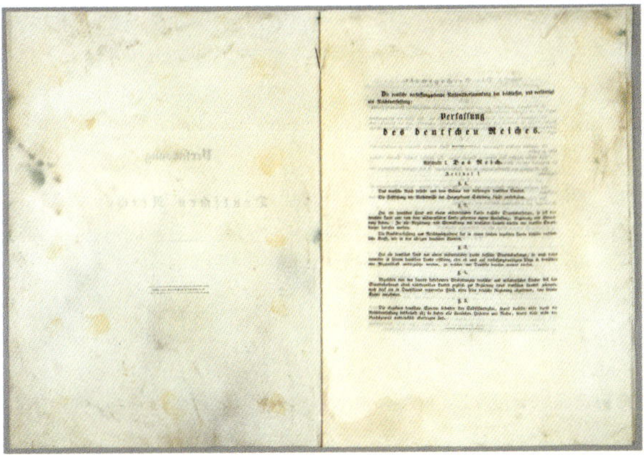

Verfassung des Deutschen Reiches mit Unterschriften der Abgeordneten der Deutschen Nationalversammlung
Frankfurt am Main 28. März 1849
Pergament
Do 54/92

Das Parlament der Paulskirche verabschiedete am 28. März 1849 die Verfassung für ein Deutsches Reich auf dem Gebiet des Deutschen Bundes. Sie regelte Abgrenzung und Umfang von Reichs- und Landesgewalt, die Wahrnehmung auswärtiger Angelegenheiten, die Militärgewalt, die Reichsgesetzge-

Friedrich Siegmund Jucho, Schriftführer der Nationalversammlung, nahm die Verfassungsurkunde auf seiner Flucht nach London mit. Als sich die Gründung des Deutschen Reiches 1870 abzeichnete, gab Jucho die Urkunde an den Reichstagspräsidenten des Norddeutschen Bundes, Eduard Simson. Nach dem Reichstagsbrand 1933 kam die Verfassung ins Reichsarchiv.
Um 1944 wurde sie ins Salzbergwerk von Straßfurt ausgelagert. Danach war sie lange verschollen. Ein Junge fand sie 1951 im Neuen Garten in Potsdam.

Neue Perspektiven

Bevölkerungswachstum und Agrarreformen bewirkten in der ersten Hälfte des 19. Jahrhunderts ein rasantes Anwachsen der Städte. Die erst in den Anfängen steckende Industrialisierung war noch nicht in der Lage für diese Zuwanderung ausreichend Arbeitsplätze zu schaffen. Es kam zu den ersten großen Auswanderungswellen in die »Neue Welt« nach Nordamerika.

Die politische und wirtschaftliche Krisenzeit der 1840er-Jahre endete um 1850. Die Industrialisierung zeigte zunehmend wirtschaftliche und beschäftigungspolitische Erfolge. Auf den großen Weltausstellungen der Nationen beförderten technische Innovationen Freihandelspolitik und internationale Absatzmärkte.

Als Kehrseite der Industrialisierung erwies sich das »Fabriksystem«. Fabrikarbeit bedeutete einen radikalen Bruch mit den jahrhundertealten Arbeitsformen und Arbeitsnormen aus Manufaktur und Handwerk. Industrieller Arbeitsakt, strenge Fabrikordnungen, geringe Löhne und fehlende soziale Sicherheiten bewirkten Spannungen zwischen Unternehmer und Arbeiterschaft. Aus diesem Interessenskonflikt ging die moderne Klassengesellschaft hervor. Zur Lösung der »sozialen Frage« der Arbeiterschaft gründeten ihre Vertreter schon 1848 »Arbeiterverbrüderungen«. Daraus entstanden dann die Gewerkschaften und ersten politischen Arbeiterparteien.

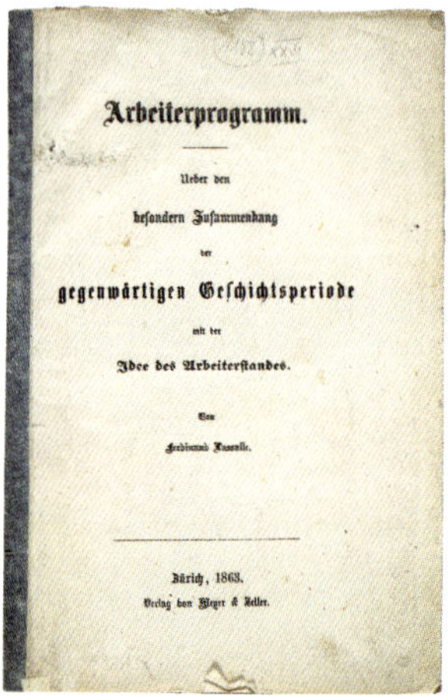

Arbeiterprogramm.

Ueber den besondern Zusammenhang der gegenwärtigen Geschichtsperiode mit der Idee des Arbeiterstandes.

Von Ferdinand Lassalle.

Zürich, 1863.
Verlag von Meyer & Zeller.

Arbeiterprogramm
Ferdinand Lassalle
(Breslau 1825–1864 Genf)
Zürich 1863
R 56/2292

Nachdem 1848 erste Arbeiterverbrüderungen gegründet worden waren, wurden sie 1854 durch einen Beschluss des Deutschen Bundes verboten, weil sie »… socialistische, communistische, überhaupt politische Zwecke verfolgen«. Erst Anfang der 1860er-Jahre versuchte die Arbeiterschaft erneut, sich zu organisieren. Das politische Ziel und einen theoretischen Hintergrund erhielt sie durch einen Vortrag von Ferdinand Lassalle im April 1862, der wenig später als »Arbeiterprogramm« erschien. Nicht nur sein Programm, sondern auch die damit im Zusammenhang stehende Gefängnishaft trug zu seiner Popularität unter der Arbeiterschaft bei.

Das Angebot, Führer der Arbeiterschaft zu werden, nahm er im März

1863 vom Leipziger Zentralkomitee der Arbeiterzentrale an. Auf dem Höhepunkt des preußischen Verfassungskonflikts gründete Ferdinand Lassalle in Leipzig mit dem »Allgemeinen Deutschen Arbeiterverein« am 23. Mai 1863 die erste sozialdemokratische deutsche Arbeiterpartei. Er selbst wurde ihr Präsident, gewählt für fünf Jahre.

Eröffnung der Weltausstellung in London durch Queen Victoria 1851

Henry Courtney Selous
(Deptford 1811 – 1890 Beaworthy, Devonshire)
Samuel Bellin
London um 1856
Radierung
Gr 96/1

Großbritannien, die am stärksten entwickelte Industrienation, richtete die erste Weltausstellung aus. Sie sollte eine Ausstellung der technischen Errungenschaften und der schönsten Kunstwerke aller Völker und Nationen werden. In einem imposanten Gebäude aus Eisen und Stahl, dem »Crystall Palace« im Londoner Hyde Park, traten die modernen Wirtschaftsstaaten zur Leistungsschau an.

Zu den Initiatoren der privat finanzierten »Great Exhibition« zählte der Prinzgemahl Albert. Mit seiner Gemahlin, der Königin Victoria von Großbritannien, eröffnete er die Ausstellung am 1. Mai 1851. Die Ausstellung und ihr Erfolg wurden Symbol sowohl für den technischen Fortschritt als auch für das Selbstbewusstsein und die Vormachtstellung der führenden Industrienation Großbritannien. 1855 folgte die zweite Weltausstellung in Paris.

Wege zum Nationalstaat

Nach der Niederschlagung der Revolutionen von 1848/49 wurden vielerorts in Europa die nationalen Bewegungen unterdrückt und die individuelle Freiheit beschränkt. Der nationale Gedanke überlebte die Phase der verschärften Reaktion. Unter einigen Monarchien in Europa setzte sich die Überzeugung durch, sich im Staatsinteresse mit der jeweiligen nationalen Bewegung verbinden zu müssen.

In Italien stellte sich das Königshaus von Savoyen-Sardinien-Piemont an die Spitze der Einheitsbewegung. 1859 eröffnete es den Krieg gegen Österreich, das mit französischer Hilfe geschlagen wurde. Die nationale Begeisterung des »Risorgimento« führte 1861 zur Proklamation des Königreichs Italien.

In Deutschland stand lange der Dualismus zwischen Preußen und Österreich der Gründung eines Nationalstaates entgegen. Die Proklamation des Deutschen Kaiserreiches 1871 war daher das Ergebnis eines langen Prozesses. Er verlief von der Deutschen Revolution 1848/49 über den Deutschen Krieg 1866 und die Gründung des Norddeutschen Bundes 1867 bis zum Deutsch-Französischen Krieg 1870/71.

Borussia
Adolf Friedrich Erdmann Menzel
(Breslau 1815–1905 Berlin)
Berlin 1868
Öl, Leinwand
Gm 2001/35

Die Länderallegorien Germania und Borussia hatten während und nach den Einigungskriegen 1864 bis 1871 Konjunktur. Gepanzert und mit gezogenem Schwert zeigten sie Wehrhaftigkeit oder bekränzten mit Lorbeerzweigen die ruhmreichen Herrscherfiguren. Als »Wacht am Rhein« wurde die bronzene Germania im Niederwald-Denkmal seit 1883 zu einem der meist besuchten Nationaldenkmäler des Kaiserreiches.

Die Borussia von Menzel hingegen vermeidet alle kriegerischen Gebärden. Gleich einer Schutzmantelmadonna breitet sie ihren Krönungsmantel über die vor ihren Füßen stehenden Armen aus. Das Gemälde entstand für einen Bazar »zum Besten der Nothleidenden in Ostpreußen«, der im Februar 1868 in der Bildergalerie des Berliner Schlosses stattfand. Das Bild war Teil einer Dekoration, die Allegorien aller fünf preußischen Provinzen, auch der seit 1866 neu hinzugekommenen, zeigte. Unsere Allegorie vertrat die älteste Provinz des preußischen Staates: Ostpreußen.

Kapitulation von Sedan – Karikatur aus der Folge »Actualités«

Honoré Daumier
(Marseille 1808–1879 Valmondois)
Paris September 1870
Lithographie, Typendruck
1988/456.10

Nach der Gründung des Norddeutschen Bundes 1867 durch Preußen und die Bewerbung eines preußischen Fürsten auf den vakanten spanischen Thron fühlte sich Frankreich durch das erstarkte Preußen bedroht. Diplomatische Verwicklungen und die von Bismarck provokant formulierte Emser Depesche führten zur französischen Kriegserklärung am 19. Juli 1870. An die Seite Preußens traten der Norddeutsche Bund und sämtliche süddeutsche Staaten.

Am 2. September 1870 kapitulierte die französische Armee bei Sedan vor den Truppen des Norddeutschen Bundes und der mit ihm verbündeten süddeutschen Staaten. Der Kaiser der Franzosen, Napoleon III., kam in Gefangenschaft. Die militärische Überlegenheit der preußischen Truppen hatte den Sieg gebracht. Nach der Belagerung und Bombardierung französischer Städte wie Paris oder Straßburg im Winter 1870/71 galt fortan in Frankreich die Pickelhaube als Zeichen preußischer Macht- und Okkupationspolitik.

Honoré Daumier arbeitete seit den 30er-Jahren als Karikaturist beim »Charivari«. Über 40 Jahre verspottete er mit seinem Realismus Spießbürgertum und Repräsentanten der französischen Politik. Die wöchentlich erscheinenden Bildkommentare zur

Zeitgeschichte fanden in seinen antideutschen Karikaturen zum deutsch-französischen Krieg 1870/71 einen Höhepunkt. Für Generationen prägten sie die Vorstellungen vom militanten Deutschen Reich.

Huldigung an den Deutschen Kaiser Wilhelm I.

Paul Bürde (Berlin 1819–1874 Berlin)
wohl Berlin 1871
Öl, Leinwand
Gm 96/31

Noch während Paris von deutschen Truppen belagert wurde, trafen sich die deutschen Fürsten im Versailler Schloss und proklamierten am 18. Januar 1871 König Wilhelm I. von Preußen zum Deutschen Kaiser. Der Friede von Frankfurt am Main besiegelte am 10. Mai 1871 auch die Gebietsabtretung von Elsaß und Lothringen an das Deutsche Reich gegen den Willen der französischen Bevölkerung.

Die Szene im Gemälde könnte sich in Elsaß-Lothringen ereignet haben: das Bildnis des bei Sedan besiegten Napoleon III. wird von einem Knaben im Vordergrund eingerollt und gegen ein Bildnis des Siegers ausgetauscht. Ein preußischer Ulan präsentiert das Porträt des neuen Souverän, des Deutschen Kaisers Wilhelm I., mit ausgestrecktem Arm den in einer Wohnstube Versammelten. Gleich wird es, von einer Girlande geschmückt, die Ahnenreihe großer Deutscher an der Wand ergänzen. Nach Luther, Friedrich II. von Preußen, dem Großen, und dem populären Feldmarschall Blücher der Befreiungskrieg von 1813/15 wird der Kaiser des neugegründeten Deutschen Reiches seinen Platz finden.

Das Deutsche Reich war eine konstitutionelle Monarchie und mit 41 Millionen Menschen im Jahr der Reichsgründung 1871 der bevölkerungsreichste Staat in Mitteleuropa. 1914 lebten bereits 68 Millionen Menschen in Deutschland, das sich zur größten Industrienation Europas entwickelt hatte. Der Bundesstaat setzte sich aus vier Königreichen, sechs Großherzogtümern, fünf Herzogtümern, sieben Für-

1871 – 1918

stentümern und drei Freien Städten zusammen. Hauptstadt des Reiches war Berlin. An der Spitze dieses von vielen Deutschen im 19. Jahrhundert herbeigesehnten Nationalstaates stand der König von Preußen, der den vererbbaren Titel »Deutscher Kaiser« führte. Die Richtlinien der Innen- und Außenpolitik bestimmte in den ersten beiden Jahrzehnten nach der Reichsgründung aber Otto von Bismarck als Reichskanzler.

Anders als sein Großvater Wilhelm I. überließ der 1888 inthronisierte Kaiser Wilhelm II. die politische Führung nicht dem Reichskanzler. Nach der Entlassung Bismarcks 1890 wollte Wilhelm II. das wirtschaftlich prosperierende Deutsche Reich in »persönlichem Regiment« auch machtpolitisch zu »Weltgeltung« führen. Dadurch geriet Deutschland immer wieder in Konflikt mit anderen europäischen Großmächten und manövrierte sich in eine gefährliche außenpolitische Lage. Nur auf das enge Bündnis mit Österreich-Ungarn war am Vorabend des Ersten Weltkrieges 1914 noch Verlass. Die militärische Niederlage Deutschlands 1918 besiegelte auch das Ende des Kaiserreiches.

Das Bismarckreich

Otto von Bismarck wollte das neu gegründete Deutsche Reich außenpolitisch in das sensible europäische Staatensystem einbinden. Er erklärte mehrfach, das Reich sei »saturiert« und müsse nicht als potentieller Aggressor gefürchtet werden. Ausgehend von der Überzeugung, Frankreich werde stets bestrebt sein, das 1871 an Deutschland verlorene Elsaß-Lothringen mit allen Mitteln zurückzugewinnen, knüpfte Bismarck ein Bündnissystem mit Beistands- und Neutralitätsabkommen.

Galt Bismarcks außenpolitisches Hauptaugenmerk der Verhinderung von Koalitionen der Großmächte gegen Deutschland, so sorgte er sich im Inneren vor allem um den nationalen Zusammenhalt. Als ernste Bedrohung für die preußisch-protestantisch geprägte Monarchie empfand Bismarck den politischen Katholizismus, dessen Einfluss er im »Kulturkampf« vergeblich auszuschalten versuchte.

Die größte Gefahr für das von konservativen Eliten getragene gesellschaftspolitische System sah Bismarck aber in der erstarkenden Arbeiterbewegung. Mit repressiven Maßnahmen bekämpfte der Staat die Sozialdemokratie, deren Strukturen jedoch mit dem von 1878 bis 1890 gültigen »Sozialistengesetz« nicht zerschlagen werden konnten. Zugleich wollte Bismarck die Arbeiter mit einer fortschrittlichen Sozialgesetzgebung an den Staat binden. Als Wilhelm II. einen weitergehenden Ausgleich mit den Sozialdemokraten anstrebte, kam es zu Differenzen zwischen dem jungen Kaiser und dem 75-jährigen Reichskanzler, die am 20. März 1890 Anlass für den erzwungenen Rücktritt Bismarcks waren.

Kaiser Wilhelm I. (1797–1888)
Paul Bülow (Berlin 1842–1889 Berlin)
Berlin 1879
Öl, Leinwand
Kg 55/152

Gemäß der Verfassung von 1871 lag die politische und militärische Führung des Deutschen Reiches beim Kaiser, der zugleich König von Preußen war. Er ernannte und entließ den Reichskanzler, der den Vorsitz im Bundesrat führte, in dem die Vertreter der Einzelstaaten zusammen kamen. Der Reichskanzler war nur dem Kaiser verantwortlich, nicht dem Reichstag. Das Parlament ging für drei, ab 1888 für fünf Jahre aus allgemeinen, gleichen, direkten und geheimen Wahlen durch alle männlichen Deutschen über 25 Jahre hervor. Der Einfluss des Reichstages mit seinen 397 Abgeordneten beschränkte sich im Wesentlichen auf die Gesetzgebung und Verabschiedung des Budgets.

Die politische Leitung des Reiches überließ Wilhelm I., der auf diesem Gemälde 82-jährig in der Uniform eines Generalfeldmarschalls des 1. Garderegimentes zu Fuß in Potsdam dargestellt ist, weitgehend seinem Reichskanzler Bismarck. Als »Reichsgründer« verfügte dieser über enormes Prestige. Die Reichseinigung unter preußischer Führung war nicht überall auf Zustimmung gestoßen, etwa bei vielen Liberalen und in der katholischen Bevölkerung Süddeutschlands. Nicht weniger ablehnend eingestellt waren Angehörige von Minderheiten, die als Polen, Dänen, Elsässer oder Lothringer dem deutschen Nationalstaat nicht angehören wollten.

Fahne des Deutschen Reiches mit dem Reichsadler
Deutschland 1871/1889
Wolle
Fa 70/30

Der neue, einköpfige Reichsadler trägt über seinem Haupt die Reichskrone. Um den Schild hängt die Kette des »Hohen Ordens vom Schwarzen Adler«, des bis 1918 höchsten Ordens Preußens. Auf der Brust des Reichsadlers liegt ein Schild mit dem preußischen Adler, dessen Brust wiederum das schwarz-weiße Stammschild der Hohenzollern ziert. Die Kombination des Preußischen »Schwarz-Weiß« mit dem Hanseatischen »Rot-Weiß« waren seit 1867 die Farben des Norddeutschen Bundes, die Bismarck auf das Deutsche Reich übertrug.

Die neue Macht im Herzen Europas wurde von den Nachbarn mit Misstrauen beobachtet. Um den Argwohn zu beschwichtigen, verfolgte Bismarck eine defensive Politik des Ausgleichs. Mit dem Zweibund von 1879 eng an Österreich-Ungarn gebunden, sollte vor allem der 1887 mit Russland abgeschlossene Rückversicherungsvertrag einen Zweifrontenkrieg des Deutschen Reiches gegen Frankreich und das Zarenreich verhindern. Der Vertrag regelte die Neutralität Deutschlands bei einem Angriff von Österreich-Ungarn auf Russland und im Gegenzug dessen Neutralität im Falle eines französischen Angriffs auf Deutschland. Nach der Entlassung Bismarcks 1890 zeigte Wilhelm II. kein Gespür für dessen sorgsam geknüpftes Bündnissystem und lehnte den Wunsch der russischen Regierung nach einer Verlängerung des Rückversicherungsvertrages ab.

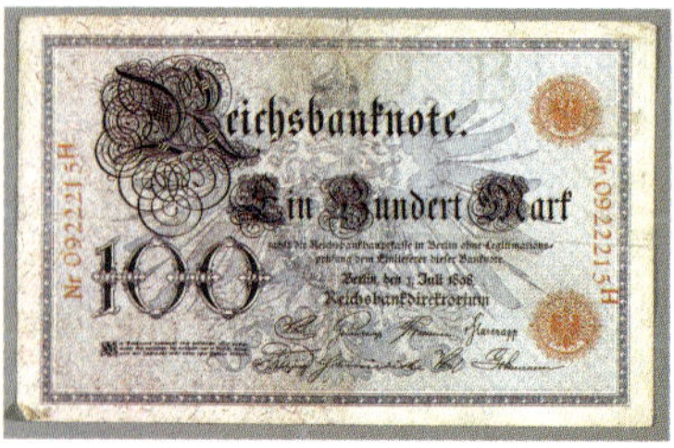

Reichsbanknote 100 Mark
Deutschland 1898
N 90/4150

Nach der Reichsgründung trat an die Stelle der verschiedenen Währungseinheiten die Mark zu 100 Pfennig als reichsweite, auf dem Goldstandard basierende Währung. Der Zusammenschluss der deutschen Staaten ermöglichte die Vereinheitlichung von Maßen und Gewichten, von Zolltarifen und Verbrauchssteuern, von Rechts- und Verwaltungsbestimmungen. Ein Motor für das Zusammenwachsen des Deutschen Reiches war auch die Eisenbahn, deren Strecknetz und Fahrgastaufkommen kontinuierlich wuchsen.

Die Herstellung eines einheitlichen Währungs- und Wirtschaftssystems sowie die Liberalisierung des Aktienrechtes förderten die bereits seit Mitte des 19. Jahrhunderts positive Konjunktur. Zahlreiche Aktienbanken, Eisenbahngesellschaften, Bau- und Montanunternehmen entstanden in der Zeit des »Gründerbooms« nach 1870. Der scheinbar unaufhaltsamen Expansion folgten ab 1873 jedoch Börsenkrach und Wirtschaftskrise. Firmen- und Bankenzusammenbrüche sowie soziale Unzufriedenheit waren die unmittelbaren Folgen. Für den Niedergang von Handel und Gewerbe machten Teile der deutschen Öffentlichkeit den Liberalismus verantwortlich. Die Anzahl antisemitischer Pamphlete nahm zu, die das »internationale Judentum« als angeblichen »Drahtzieher« des Liberalismus und als Hauptverantwortlichen für die Rezession verurteilten.

Otto von Bismarck (1815–1898) in Kürassieruniform
Fritz Schaper (Alsleben 1841–1919 Berlin)
Bildgießerei Gladenbeck
Friedrichshagen bei Berlin nach 1879
Bronze
Pl 95/11

Im April 1879 wurde in Köln das erste Monument enthüllt, das Bismarck in Überlebensgröße zeigte. Es wurde so populär, dass schon bald verkleinerte Ausführungen in den Verkauf kamen. Viele Bewohner des katholischen Köln empfanden das Denkmal angesichts des von Bismarck initiierten »Kulturkampfes« hingegen als Provokation.

Seit der Reichsgründung versuchte Bismarck vor allem mit Unterstützung der Liberalen, den Einfluss der römisch-katholischen Kirche zurückzudrängen. Viele Protestanten sahen in der katholischen Bevölkerung einen von Rom aus regierten Teil der »schwarzen Internationalen«, die das Reich bekämpfen und die nationale Einheit aushöhlen wollte. Die Zentrumspartei als Vertreterin des politischen Katholizismus sollte als politische Kraft im Reichstag ausgeschaltet werden. Doch alle Maßnahmen wie die Schulaufsicht des Staates und die Einführung der noch heute gültigen Zivilehe oder die Sperrung staatlicher Geldzuweisungen an die katholische Kirche führten nicht zum erhofften Ziel. Vielmehr stärkten sie den Zusammenhalt der als »Reichsfeinde« stigmatisierten katholischen Bevölkerung mit ihren geistlichen und weltlichen Vertretern. Ab 1880 wurde der »Kulturkampf« durch Milderung und Aufhebung von Gesetzen schrittweise beigelegt.

Der Unzufriedene
Ludwig Knaus
(Wiesbaden 1829–1910 Berlin)
Berlin 1877
Öl, Holz
1988/810

Das auch unter dem Titel »Der Sozialdemokrat« bekannte Gemälde zeigt einen grübelnden Wirtshausbesucher. An der Wand hängt ein Flugblatt mit dem Aufruf »Bürger, Handwerker, Arbeiter, auf zur Wahl!«, das dem Reichstagswahlkampf 1877 entstammt. Die dargestellte »Berliner freie Presse« gehörte seit 1876 zu den großen sozialdemokratischen Tageszeitungen. Ihre Losung »Freiheit, Gerechtigkeit« war ein Hinweis auf den politischen Alltag der sozialdemokratischen Bewegung, in dem Verbote, Hausdurchsuchungen und Verhaftungen an der Tagesordnung waren.

Unter dem Eindruck gemeinsamer politischer Verfolgung vereinigte sich in Gotha 1875 der unter Ferdinand Lassalle gegründete Allgemeine Deutsche Arbeiterverein mit der Sozialdemokratischen Arbeiterpartei von August Bebel und Wilhelm Liebknecht zur Sozialistischen Arbeiterpartei (SAP). Sie wurde im Zuge des 1878 erlassenen »Sozialistengesetzes« zwar offiziell verboten, ihre Reichstagsfraktion konnte jedoch auf Grund des Persönlichkeitswahlrechtes bestehen bleiben und ihre Stimmen bei Reichstagswahlen bis 1890 verdreifachen. Die Nichtverlängerung des »Sozialistengesetzes« führte 1890 zur Neugründung der SAP als Sozialdemokratische Partei Deutschlands (SPD), die vor dem Ersten Weltkrieg die mit Abstand mitgliederstärkste Partei war.

Innenpolitik im Wilhelminischen Kaiserreich

In bewusster Abgrenzung zu seinem als liberal geltenden Vater, dem nach nur 99-tägiger Regentschaft 1888 verstorbenen Kaiser Friedrich III., war Wilhelm II. ein entschiedener Gegner des Parlamentarismus. Das 1894 fertig gestellte Reichstagsgebäude titulierte er als »Reichsaffenhaus«. Im Reichstag blieb eine seit 1871 bestehende Fünf-Parteien-Konstellation vorherrschend. Gegenüber dem katholischen Zentrum, den Konservativen sowie den Links- und Nationalliberalen konnten die Sozialdemokraten auch in der »Wilhelminischen Ära« erhebliche Stimmenzuwächse verzeichnen. 1912 stellten sie erstmals die stärkste Reichstagsfraktion.

Die Bedeutung der organisierten Arbeiterbewegung wuchs mit der fortschreitenden industriellen Entwicklung Deutschlands. Unter dem unmittelbaren Eindruck eines Bergarbeiterstreiks im Ruhrgebiet 1889 versuchte Wilhelm II. zunächst, soziale Konflikte durch Entgegenkommen zu mildern. Später schwenkte der Kaiser auf repressive Maßnahmen gegen die oft als »vaterlandslose Gesellen« bezeichneten Sozialdemokraten um, die Deutschlands kostspielige und außenpolitisch riskante Aufrüstungspolitik heftig kritisierten. Zugleich nahm die Bedeutung nationalistischer, häufig antisemitisch argumentierender Agitationsverbände zu, die eine »Weltmachtstellung« Deutschlands mit allen Mitteln einforderten.

Sozialdemokratisches Transparent
Berlin 1888
Baumwolle
Fa 67/84

Wie in anderen industrialisierten Staaten, gab es auch in Deutschland im Bürgertum und beim Adel Furcht vor revolutionären Umsturzversuchen seitens der erstarkenden Arbeiterbewegung. Als 1878 zwei Attentate auf Kaiser Wilhelm I. verübt wurden, lastete Bismarck die Anschläge ohne Vorlage von Beweisen der Sozialistischen Arbeiterpartei an. Am 19. Oktober 1878 verabschiedete der Reichstag mit der Stimmenmehrheit von Konservativen und Nationalliberalen das »Gesetz wider die gemeingefährlichen Bestrebungen der Sozialdemokratie«. Auf Grundlage des bis 1890 dreimal verlängerten »Sozialistengesetzes« wurden innerhalb von zwölf Jahren über 330 Arbeiterorganisationen, rund 1300 Druckschriften und ungezählte politische Versammlungen verboten sowie Tausende Menschen verhaftet oder in die Emigration getrieben.

Zum zehnten Jahrestag des »Sozialistengesetzes« gab es in vielen Großstädten Deutschlands Protestkundgebungen gegen die Verfolgungsmaßnahmen. Dieses Transparent beschlagnahmte die Polizei bei einer Demonstration in Berlin. Mit polizeistaatlichen Mitteln konnten die sozialdemokratischen Strukturen aber nicht, wie von Bismarck erhofft, zerschlagen werden.

Der Streik
Robert Koehler
(Hamburg 1850–1917 Milwaukee)
München 1886
Öl, Leinwand
1990/2920

Das Gemälde zeigt die Konfrontation eines Unternehmers mit einer Gruppe im Ausstand befindlicher Arbeiter. Die spannungsgeladene Situation kann jeder Zeit in Aggressivität umschlagen. Das Gemälde sorgte 1886 auf einer Ausstellung in New York für Aufsehen und avancierte durch Reproduktionen auch in Deutschland zu einer Ikone der Arbeiterbewegung.

In allen Industriestaaten gründeten Arbeiter gewerkschaftliche Organisationen und traten angesichts der Willkür durch Arbeitgeber, langer Arbeitszeiten bei ungenügender Entlohnung sowie schwerer Frauen- und Kinderarbeit für die Verbesserung ihrer Arbeits- und Lebensbedingungen in den Streik. Parallel zum wirtschaftlichen »Gründerboom« organisierten Bergleute im Ruhrgebiet 1872 den ersten großen Massenstreik im Deutschen Reich. Weitere Streiks folgten 1889/90, wobei diese Arbeitsniederlegungen in der Öffentlichkeit erstmals nicht den »Unruhestiftern« von der Sozialdemokratie zur Last gelegt wurden: Als Ursache erkannten nun auch viele Angehörige des Bürgertums die offenkundigen sozialen Missstände. Der Reichstag lehnte 1890 die Verlängerung des »Sozialistengesetzes« ab. Arbeitsschutzbestimmungen wie Regelungen zur Höchstarbeitszeit sowie Verbote industrieller Kinderarbeit und Nachtarbeit von Frauen wurden gesetzlich verankert.

Unfall in einer Maschinenfabrik
Johann Bahr (geb. Flensburg 1859)
Deutschland um 1890
Holzstich, koloriert
1989/918

Arbeiter waren gegen Krankheit, Unfall und Invalidität nicht abgesichert. Unglücksfälle konnten Menschen die Existenzgrundlage rauben und Familien schnell ruinieren. Angesichts der aus Armut möglicherweise erwachsenden sozialrevolutionären Gefahr hielt auch Bismarck sozialpolitische Maßnahmen für dringend geboten.

Der Reichstag verabschiedete 1883 ein Gesetz über die Krankenversicherung für Arbeiter: Im Krankheitsfall bezahlte die Krankenkasse für 13 Wochen Krankengeld und übernahm die Kosten der ärztlichen Behandlung, die damit erstmals auch für Arbeiter zur Regel werden konnte. 1884 folgte die Unfallversicherung, die unabhängig von der Schuldfrage die Kosten des Heilverfahrens trug und bei völliger Erwerbsunfähigkeit eine Rente zahlte. Die 1889 verabschiedete Invaliditäts- und Altersversicherung gestand Arbeitnehmern im Fall von Arbeitsunfähigkeit eine Invaliden- und nach vollendetem 70. Lebensjahr eine Altersrente zu.

Parallel zu der Sozialgesetzgebung wiesen öffentliche Kampagnen auf Möglichkeiten zur Verbesserung der Arbeitsbedingungen und zum Schutz der Arbeiter hin. Die aus Anlass der »Deutschen Allgemeinen Ausstellung für Unfallverhütung« in Berlin 1889 entstandene Grafik zeigt einen Unfall, dessen Ursache lediglich eine fehlende Schutzvorrichtung war.

Die kaiserliche Familie im Park zu Sanssouci
William Pape
(Karlshütte 1859–1920 Stockholm)
Berlin 1891
Öl, Leinwand
1988/424

Wilhelm II. präsentiert sich auf dem Gemälde vor dem Reiterstandbild seines von ihm besonders verehrten Vorgängers Friedrichs des Großen. Neben dem Kaiser sind seine Gemahlin Auguste Victoria und fünf seiner sechs Söhne zu sehen, einer von ihnen in Mädchenkleidung. Im Unterschied zu Wilhelm I. erhob Wilhelm II. den Anspruch, ohne starke Einflussnahme des Reichskanzlers regieren und – auf Grundlage der Verfassung – die Richtlinien der Politik selbst bestimmen zu wollen.

Der autoritäre, aber zuweilen richtungslose Regierungsstil von Wilhelm II. und seine an Selbstherrlichkeit grenzenden Allüren stießen bei Zeitgenossen im In- und Ausland auf Unverständnis und unverhohlene Kritik. In weiten Kreisen der deutschen Bevölkerung genoss der Monarch jedoch Vorbildcharakter, seine Vorlieben für Uniformen und Militärparaden teilten viele Deutsche. Teile der Arbeiterschaft verbanden mit der Person Wilhelms II. den Beginn des Wirtschaftsaufschwungs und damit die Hebung ihres eigenen Lebensstandards. Dementsprechend wurde der so genannte Kaiser-Wilhelm-Schnurrbart auch in der Arbeiterschicht oft und mit Stolz getragen. Der von Technik begeisterte Kaiser verkörperte für einen Großteil der Deutschen einen neuen Zeitgeist.

Gesellschaft im Kaiserreich

Von 1871 bis 1914 versechsfachte Deutschland seine industrielle Produktion und überflügelte damit Großbritannien. Die Industrialisierung, technische Errungenschaften wie die Elektrizität oder das Automobil, erhöhte Mobilität sowie bahnbrechende Fortschritte in der Medizin veränderten die gewohnten Lebenswelten.

Während zum Zeitpunkt der Reichsgründung 1871 nur acht Städte in Deutschland mehr als 100 000 Einwohner hatten, so waren es 1910 bereits 48 Städte. Sie lockten durch den Aufschwung der Wirtschaft Massen von Zuwanderern an, die häufig in Mietskasernen unter beengten und unhygienischen Bedingungen lebten. In krassem Kontrast dazu standen die Prachtbauten und die luxuriöse Repräsentation erfolgreicher Unternehmer und Bankiers, die auch politisch an Einfluss gewannen. Diese aufstrebende Schicht des Großbürgertums konkurrierte in ihrer Selbstdarstellung mit dem Adel, der seine gesellschaftliche Leitfunktion noch behaupten konnte. So waren die mit großer Reputation verbundenen höheren Offiziers- und Diplomatenlaufbahnen meist Adeligen vorbehalten.

Das öffentliche Leben im Kaiserreich wurde von einer tradierten und militarisierten Gesellschaftsordnung geprägt. Gleichzeitig aber machten Reformbewegungen und künstlerische Avantgarde auf sich aufmerksam, die auf Überwindung autoritärer Konventionen und als überkommen angesehener Lebens- und Kunststile abzielten.

Zählerfabrik Spulenwicklerei
Ansicht aus der Firmenschrift
»Die Allgemeine Elektricitäts-Gesellschaft«
Berlin 1908
B 57/3610

Die beiden letzten Jahrzehnte vor dem Ersten Weltkrieg standen in Deutschland im Zeichen wirtschaftlicher Hochkonjunktur. Eng verbunden mit der Zunahme deutscher Exporte war der rasante Aufstieg der neuen industriellen Leitsektoren: Großchemie und Elektroindustrie. Kraftwerke versorgten ab den 1880er-Jahren erst einzelne Firmen, dann Stadtteile und schließlich ganze Städte mit Strom. Immer mehr Straßen, öffentliche Gebäude und Privatwohnungen erhielten elektrische Beleuchtung. Rund zehn Prozent der deutschen Haushalte verfügten 1914 über einen Stromanschluss. Bei der Entwicklung zukunftsträchtiger Technologien belegte Deutschland dank des intensiven Zusammenwirkens von wissenschaftlicher Forschung und vorhandenem Kapital weltweit einen führenden Platz.

Für eine werbewirksame Außendarstellung beschäftigte die 1887 von Emil Rathenau gegründete Allgemeine Elektricitäts-Gesellschaft (AEG) firmeneigene Fotografen. Ihre Aufnahmen sollten Größe und Funktionalität der standardisierten Produktionsanlagen zeigen sowie Sauberkeit, Ordnung und Übersichtlichkeit in den Fabrikhallen herausstellen. Um verwackelte Bilder zu vermeiden, durften sich die Arbeiter während der Aufnahmen nicht bewegen.

Bei der Stellenvermittlung – »Gesinde-Vermiethungsbureau«
Fritz Paulsen (Schwerin 1838–1898 Berlin)
Berlin 1881
Öl, Leinwand
1988/85

Deutschland entwickelte sich im letzten Drittel des 19. Jahrhunderts von einem agrarisch zu einem großstädtisch und industriell geprägten Land. Industrie und Bergbau erhöhten die Produktion und benötigten immer mehr Arbeitskräfte. Dennoch verließen bis 1895 rund 2,4 Millionen Menschen auf der Suche nach neuen Arbeits- und Lebensmöglichkeiten das Deutsche Reich Richtung Übersee.

Mit Beginn der Hochkonjunktur setzte ab Mitte der 1890er-Jahre eine

Binnenwanderung vornehmlich aus den östlichen Agrargebieten Preußens in die expandierenden Industriezentren im Ruhrgebiet, im Aachener Becken, im lothringisch-saarländischen Eisenerzrevier, im sächsisch-thüringischen Raum, im Rhein-Main-Gebiet, in Oberschlesien und in Berlin ein. In der Hauptstadt waren 1905 nur 40 Prozent der zwei Millionen Einwohner gebürtige Berliner, reichsweit lebte zu diesem Zeitpunkt etwa die Hälfte der Deutschen nicht am Ort ihrer Geburt. Eine Folge der Urbanisierung war die Errichtung einfachster Mietskasernen, in denen vor allem Zuwanderer erschwinglichen Wohnraum fanden. Erste Anlaufstelle für die vom Land zugewanderten Personen waren häufig so genannte Vermietungsbüros, von denen allein in Berlin um 1880 rund 450 existierten. Hier wurden die Arbeitssuchenden als Köchin, Amme, Diener oder Kutscher rasch vermittelt.

Elegante Dame, auf einer Bank sitzend
Otto Thiem
Schwarzburger Werkstätten für Porzellankunst
Unterweißbach um 1910
Porzellan
KG 2000/44

Für die 1908 gegründeten Schwarzburger Werkstätten modellierte der Bildhauer Otto Thiem diese Porzellanfigur einer wohl situierten Dame. Festgefügte Normen und Verhaltensregeln sowie ein traditionelles Verhältnis der Geschlechter zueinander bestimmten die Lebenswelten vor allem für Angehörige des Bürgertums und des Adels. Gegen steife Ordnungen in Familie und Gesellschaft formierte sich im wilhelminischen Deutschland jedoch seit 1890 eine Reformbewegung. Über Generationen hinweg galt beispielsweise die durch das Korsett hervorgerufene Wespentaille als weibliches Ideal. Seit der Jahrhundertwende bekämpften nun neben Ärzten zumeist Frauenrechtlerinnen das traditionelle Korsett als Gefahr für die Gesundheit, aber auch als Symbol der Unfreiheit der Frauen.

Ein Ausdruck gesellschaftlicher Veränderungsprozesse war das Engagement zahlreicher Frauen in der Frauenbewegung. Sie forderten ihre Gleichstellung, das Recht zu wählen und auf Bildung. Das Hochschulstudium für Frauen war ab 1908 in ganz Deutschland möglich, das Frauenwahlrecht wurde allerdings erst im Zuge der Revolution 1918/19 eingeführt.

Für die meisten Frauen aber standen wirtschaftliche und soziale Probleme im Vordergrund. Fabrikarbeiterinnen forderten die Verbesserung der harten Arbeitsbedingungen, der Entlohnung und des Mutterschutzes.

Erinnerungstuch »Deutsch-Afrika«

Deutschland um 1900
Baumwolle, bedruckt
KTe 64/25

Seit Beginn der 1880er-Jahre war auch das Deutsche Reich bemüht, Kolonialpolitik zu betreiben und seinen Einfluss außerhalb Europas zu vergrößern. Deutschland nahm als Kolonialmacht allerdings eine vergleichsweise eingeschränkte Rolle ein. In Afrika waren seit 1884/85 Südwest- und Ostafrika, Togo und Kamerun deutsche Kolonien, in Asien Neuguinea, einige Inseln und seit 1897 das chinesische Tsingtau. Zwar strebte Wilhelm II. weitere Erwerbungen an, in den 1890er-Jahren war die Aufteilung der Welt zwischen den führenden Kolonialmächten aber schon weitgehend abgeschlossen.

Die meisten Europäer waren fasziniert von Erkundungsreisen populärer Forscher sowie von einem scheinbar abenteuerlichen Leben in exotisch anmutenden Ländern. Wirtschaftliche Ausbeutung der Kolonien, Unterdrückungsmaßnahmen und Rassenpolitik gegenüber den dort lebenden Völkern gerieten dabei für gewöhnlich aus dem Blickfeld. Konflikte zwischen Europäern und Einheimischen eskalierten immer wieder in Kriegen.

In Deutsch-Südwestafrika kam es 1904 zu Aufständen der Herero und Nama, die von Angehörigen der deutschen Schutztruppe bis 1907 blutig niedergeschlagen wurden. Ein Großteil der Herero- und Nama-Bevölkerung fiel dabei Kämpfen, offenem Mord oder dem Tod durch Durst und Hunger zum Opfer.

Kinder-Matrosenanzug – »Kieler Anzug«

Deutschland um 1900
Baumwolle
Kte 75/68

»Deutschlands Zukunft liegt auf dem Meer«. Mit diesen Worten kündigte Wilhelm II. in seiner Rede zum 25. Jahrestag der Reichsgründung am 18. Januar 1896 eine neue Flottenpolitik an. Mit

ihr wollte der Kaiser die angestrebte Weltmachtstellung Deutschlands realisieren und jedem Gegner auf den Weltmeeren Paroli bieten. Admiral Alfred von Tirpitz trieb den Bau von Großkampfschiffen voran und machte die deutsche Marine nach der britischen zur zweitgrößten der Welt.

Als Folge der Marinebegeisterung waren Matrosenanzüge für Jungen in allen gesellschaftlichen Schichten beliebt. Wie ähnliche Kleider für Mädchen konnten diese Anzüge zu allen Anlässen getragen werden. Die verbreitete Hochschätzung des Militärischen zeigte sich auch in Heeresuniformen für Kinder, die dem Original exakt nachempfunden und von sämtlichen Waffengattungen in unterschiedlicher Qualität erhältlich waren. Uniformen und Militärparaden prägten das Straßenbild in Deutschland, insbesondere in der Hauptstadt Berlin, die als »Metropole in Gardeuniform« galt. Militärische Normen, Umgangsformen und Wertvorstellungen übertrugen sich auch auf das Zivilleben, in dem der Dienst in der Armee ein wichtiges Kriterium beruflichen Weiterkommens war.

»8,7 cm schnellfeuernde Kanone L/24«

aus der Serie »Etablissement Fried. Krupp« Essen 1889
Ph 2002/124

Seit Mitte des 19. Jahrhunderts entwickelte und produzierte die Firma Krupp Waffensysteme, welche die Rüstungstechnik modernisierten und der deutschen Artillerie Vorteile verschafften. Die Krupps galten in Deutschland als »Kanonenkönige«. Sie beschäftigten 1914 fast 80 000 Mitarbeiter. Zum Krupp-Konzern gehörten auch Werften für den Ausbau der deutschen Kriegsflotte. Damit verstärkte Deutschland den machtpolitischen Gegensatz zu Großbritannien, das seine Vormachtstellung zur See bedroht sah und seinerseits erheblich aufrüstete.

Angesichts wiederkehrender außenpolitischer Krisen um Einflusssphären und Absatzmärkte forcierten alle europäischen Großmächte ihre Rüstungsanstrengungen. Dank diplomatischer Übereinkünfte griffen Russland, Österreich-Ungarn, Großbritannien, Frankreich und Deutschland zwar nicht direkt in die Balkankriege 1912/13 ein, jedoch führten die Kriege zu neuen internationalen Spannungen und verschärften den Rüstungswettlauf. In Kreisen hoher deutscher Militärs zeigte man sich seit Ende 1912 von der Unabwendbarkeit eines europäischen Krieges überzeugt. Der Reichstag bewilligte 1913 die Erhöhung der Heeresstärke um 136 000 auf über 800 000 Mann. Gleichzeitig wurden dem Heer großzügigere finanzielle Mittel zu seiner Modernisierung bereitgestellt.

Der Erste Weltkrieg

Machtpolitische Rivalitäten und intensives Wettrüsten belasteten die internationalen Beziehungen. Nach der Ermordung des österreichisch-ungarischen Thronfolgers in Sarajevo am 28. Juni 1914 versagten alle Bemühungen um eine Konfliktlösung auf Grund des unversöhnlichen Machtstrebens der europäischen Großmächte. Ab August 1914 befanden sich Deutschland und Österreich-Ungarn im Krieg gegen die Entente-Staaten Frankreich, Großbritannien und Russland. Der Krieg herrschte nicht nur auf den Schlachtfeldern in Europa, den Kolonien, im Nahen Osten sowie auf hoher See, sondern erstmals auch an der »Heimatfront«.

Im Deutschen Reich war die Bevölkerung nach Kriegsbeginn über alle Parteigrenzen hinweg in hohem Maße geeint und von der Notwendigkeit des Krieges überzeugt. Doch schon bald litten viele Deutsche unter Hunger, waren vom zähen Kriegsverlauf enttäuscht und vom Massentöten an der Westfront schockiert. Dort verharrte der Krieg in gigantischen Materialschlachten und verlustreichen Stellungskämpfen. Im Osten war es deutschen Truppen gelungen, tief nach Russland vorzudringen und die Front von der Heimat fernzuhalten.

Die USA griffen im April 1917 auf Seiten der Entente in den Krieg ein, der im November 1918 mit der militärischen Niederlage Deutschlands endete. Rund neun Millionen Soldaten und sechs Millionen Zivilisten starben im Ersten Weltkrieg.

Die Geographie-Stunde – »Der schwarze Fleck«

Abbildung Seite 112
Albert Bettannier
(Metz 1851–1932 Paris)
Paris um 1887
Öl, Leinwand
Gm 98/39

Elsaß-Lothringen war der »schwarze Fleck« Frankreichs: Die Abtretung des Gebietes an das Deutsche Reich 1871 schmerzte die »Grande Nation« auch in den nachfolgenden Jahrzehnten zutiefst. In Frankreich blieb der Revanchegedanke quer durch das politische Spektrum lebendig. Dementsprechend waren die übergeordneten französischen Kriegsziele ab Sommer 1914 die Rückgewinnung von Elsaß-Lothringen sowie die Sicherung der eigenen Vormachtstellung gegenüber dem Deutschen Reich.

Deutschlands Hauptziel wiederum war die politische und wirtschaftliche Hegemonie auf dem europäischen Kontinent. Forderungen fanden weithin Verbreitung, französische Gebiete zu annektieren und Belgien unter deutsche Vorherrschaft zu stellen. Auch im Osten sollten Annexionen das Reichsgebiet vergrößern, um die angestrebte Weltmachtstellung Deutschlands zu sichern. Großbritannien wollte das Gleichgewicht auf dem europäischen Festland bewahren und sich der deutschen Wirtschafts- und Flottenkonkurrenz entledigen.

Germania
Friedrich August von Kaulbach
(München 1850–1920 Ohlstadt)
Deutschland 1914
Öl, Leinwand,
1988/82

Der Beginn des Krieges im August 1914 wurde in allen beteiligten Ländern überwiegend mit Ruhe, aber auch mit

erheblicher Begeisterung aufgenommen. Warnende, zur Mäßigung auffordernde Stimmen gegen den Krieg blieben ungehört. In der Bevölkerung Europas überwog die Ansicht, der Krieg sei der jeweils eigenen Nation aufgezwungen worden.

Kaulbachs unter dem Titel »Deutschland August 1914« dargestellte »Germania« entsprach den Empfindungen vieler Deutscher. In ihrem wehrhaft-entschlossenen Auftreten verkörperte sie das Deutsche Reich in seiner Kampfbereitschaft und nationalen Geschlossenheit. »Ich kenne keine Parteien mehr, kenne nur noch Deutsche«, mit diesen Worten hatte Kaiser Wilhelm II. im August 1914 den innenpolitischen Burgfrieden verkündet: Für die Dauer des Krieges wollten die sonst zerstrittenen Parteien keine politischen Auseinandersetzungen mehr führen. Die bestehenden Klassengegensätze konnten aber nicht wie erhofft aufgehoben werden: Sie nahmen im Verlauf des Krieges noch an Schärfe zu.

Wandteller mit dem Porträt Paul von Hindenburgs
Max Dasio (München 1865–1954 Oberammergau)
Rosenthal, Selb 1914
Porzellan
MK 89/119

Patriotische Propaganda und Souvenirs sollten Siegeszuversicht vermitteln. Häufig verwendete Motive waren Darstellungen des Kaisers und erfolgreicher

Militärs. Nach seinem Sieg über russische Verbände in Ostpreußen 1914 wurde der zum Generalfeldmarschall ernannte Paul von Hindenburg als »Held von Tannenberg« in Deutschland besonders verehrt.

Im Sommer 1916 übernahm Hindenburg zusammen mit General Erich Ludendorff die Oberste Heeresleitung (OHL). Der von Depression und Krankheit geplagte Wilhelm II. beteiligte sich kaum an der Kriegsplanung und trat gegenüber Hindenburg und Ludendorff immer mehr in den Hintergrund. Beide forderten für die OHL auch die innen- und außenpolitische Führung des Reiches, womit sich das politische Schwergewicht von den zivilen auf die militärischen Entscheidungsträger verlagerte. Sie reglementierten das Wirtschaftleben in Deutschland und mobilisierten an der »Heimatfront« alle Ressourcen für den angestrebten Sieg.

Maschinengewehr 08 mit Lafette
Spandau 1908/1914
Stahl, Eisen, Holz, Leder
W 55/23

Der deutsche Vormarsch im Westen kam schon nach wenigen Monaten im Herbst 1914 zum Stehen. Im Stellungskrieg legten beide Seiten ein tief gestaffeltes Grabensystem an. Bei Sturmangriffen auf die gegnerischen Befestigungsbollwerke starben die Angreifer zu Hunderten im Abwehrfeuer der Maschinengewehre, die zu den wirksamsten Waffen der Infanterie zählten.

Durch den Einsatz modernen Kriegsgerätes setzte an der Westfront ein bis dahin beispielloses Massentöten ein. Rund die Hälfte aller Gefallenen starb durch Artilleriefeuer. Tausende Soldaten verloren ihr Leben ab 1915 durch neu entwickeltes Giftgas. Die »Technisierung des Krieges« zeigte sich ebenso im Luftkampf, der das Kriegsgeschehen erstmals auch abseits der Front mitbestimmte. Für Panik auf deutscher Seite sorgte 1917 der erste Großeinsatz britischer Panzer, die Stacheldrahtverhaue und Gräben überwinden konnten.

»Das eiserne Kreuz«
Heinrich Zille
(Radeburg 1858–1929 Berlin)
Berlin 1916
Lithographie
Gr 85/215

Alle Armeen verlangten von ihren Offizieren und Mannschaften die Bereitschaft zum Einsatz des Lebens. Der Tod als ständiger Begleiter der Frontsoldaten wurde zum »Heldentod für das Vaterland« verklärt. Rund jeder Achte der über 70 Millionen eingesetzten Soldaten starb auf den Schlachtfeldern, unter ihnen mehr als zwei Millionen aus Deutschland. Den psychischen und physischen Belastungen des Krieges waren die

Frontsoldaten oft nicht gewachsen, viele verloren den Verstand. Andere schreckten vor Selbstverstümmelung nicht zurück, um dem Sterben an der Front zu entgehen.

Postkarte zur Entstehung von Papierstoff

Deutsche Papiergarn-GmbH
Berlin 1918
Lithographie
PK 99/48

Für die Angehörigen daheim waren Tod, Invalidität oder Vermisstenmeldungen ein schweres Leid. Viele Hinterbliebene fragten eindringlich nach dem Sinn des Verlustes, wie es der Kriegsgegner Heinrich Zille in seiner Persiflage zu den im Krieg üblichen Auszeichnungen zum Ausdruck bringt: Der gefallene Vater hat zwar das »Eiserne Kreuz« erhalten, doch der fünfköpfigen Familie drohen Armut und eine ungesicherte Zukunft.

Hunger und Mangel bestimmten vor allem in Deutschland den Alltag vieler Menschen. Hier kam es schon im ersten Kriegsjahr zu einer spürbaren Verschlechterung der Lebensmittelversorgung, ab 1915 waren die meisten Nahrungsmittel im Reich streng rationiert. Als im Winter 1916/17 Steckrüben Kartoffeln ersetzen mussten, erreichte die Ernährungskrise einen dramatischen Höhepunkt. Infolge von Unterernährung starben bis zu 750 000 Deutsche.

Die britische Seeblockade verschärfte in Deutschland neben dem Lebensmittel- auch den Rohstoffmangel, der durch Ersatzstoffe nur ansatzweise ausgeglichen werden konnte. Weil Baumwolle seit 1916 nicht mehr für zivile Zwecke verarbeitet werden durfte, experimentierte die Textilindustrie mit verschiedenen Ersatzstoffen wie Papiergarnen. Daraus gefertigte Gewebe wurden zu Kleidung oder Taschen weiterverarbeitet. Die täglichen Entbehrungen sowie die hohen Opferzahlen an der Front und in der Heimat verstärkten bei immer mehr Deutschen den Wunsch nach Frieden und Normalität.

Rekrutierungsplakat:
»Ich will dich für die US-Armee«
James Montgomery Flagg
(Pelham Manor 1877–1960 NewYork)
Lesly – Jugde Co.
New York 1917
Lithographie
P 93/778

Trotz Sympathien und Wirtschaftshilfe für die Entente-Staaten bewahrten die USA während des Krieges lange ihre formale Neutralität. Erst als Deutschland den uneingeschränkten U-Boot-Krieg aufnahm und US-Bürger Opfer deutscher Seeangriffe wurden, erklärten die USA dem Deutschen Reich am 6. April 1917 den Krieg.

Mit eindringlicher Geste forderte »Uncle Sam« seine männlichen Landsleute auf, der US-Armee beizutreten. Der Kriegseintritt der USA mit ihren überlegenen Ressourcen veränderte das Kräfteverhältnis in Europa entscheidend zugunsten der Entente. Rund zwei Millionen US-Soldaten kämpften im Sommer 1918 an der Westfront gegen erschöpfte deutsche Truppen. Diese hielten ihre Stellungen zwar, gewinnen konnte Deutschland den Krieg aber nicht mehr. Am 29. September 1918 forderte die OHL in militärisch auswegloser Lage Verhandlungen über einen Waffenstillstand. In der kriegsmüden deutschen Bevölkerung wurde unterdessen der Ruf nach Frieden und wenig später auch nach Abdankung des Kaisers immer lauter.

Aus den revolutionären Erschütterungen 1918/1919 ging Deutschland als parlamentarische Demokratie hervor. In der zerrissenen Parteienlandschaft herrschten höchst unterschiedliche Vorstellungen über die politische Gestaltung der Republik, die von Anfang an angefeindet und bekämpft wurde: Linker und rechter Extremismus waren für die innenpolitische Stabilität eine ebenso große Hypothek wie die soziale

1918 – 1933

Not und die häufigen Wechsel der Kabinette und Koalitionen. Insgesamt erlebte die Weimarer Republik 16 Reichsregierungen mit einer durchschnittlichen Amtsdauer von acht Monaten. Zudem erwies sich der Versailler Vertrag von 1919 als ein ständiger Quell nationaler Enttäuschung.

Den von Krisen und Aufständen gezeichneten Anfangsjahren der Republik folgte ab 1924 eine Phase relativer Stabilität. Für die Republik waren diese Jahre eine Zeit innenpolitischer Ruhe mit wirtschaftlichem Aufschwung und kultureller Blüte, bevor die 1929 einsetzende weltweite Wirtschaftskrise auch in Deutschland Millionen Menschen in Verzweiflung stürzte und radikalisierte. Gegner der Republik entfesselten eine beispiellose Agitation gegen den Staat, der keine Mittel gegen die Krise fand. Die Nationalsozialistische Deutsche Arbeiterpartei (NSDAP) stieg zu einer Massenbewegung auf. Mit der Ernennung des »Führers« Adolf Hitler zum Reichskanzler am 30. Januar 1933 endete die Weimarer Republik.

Kriegsende und Revolution

Ende September 1918 gaben die deutschen Militärs den Krieg verloren. In Verhandlungen mit der Entente musste das Deutsche Reich harte Bedingungen für den Waffenstillstand hinnehmen, der am 11. November 1918 in Compiègne unterzeichnet wurde. Zu diesem Zeitpunkt hatten sich die staatlichen Verhältnisse in Europa und im Nahen Osten erheblich verändert: Die Monarchien in Deutschland, Österreich-Ungarn und Russland waren beseitigt, das Osmanische Reich zerbrach, neue Nationalstaaten entstanden. In Mittel- und Osteuropa entluden sich die Leiden des Krieges in revolutionären Erschütterungen.

Auch in Deutschland verstärkten Hunger und Entbehrung zusammen mit der Enttäuschung über die militärische Niederlage demokratische und sozialistische Bestrebungen. Der monarchische Obrigkeitsstaat zerfiel ohne große Gegenwehr Anfang November 1918, der Thronverzicht von Kaiser Wilhelm II. und die Ausrufung der Republik am 9. November entsprachen dem Wunsch vieler Deutscher. Gleichzeitig aber verschärften sich die Auseinandersetzungen zwischen den gemäßigten und den radikalen Kräften der Revolution. Trotz aller Bemühungen um Eindämmung revolutionärer Bestrebungen nahm die nahezu friedliche Revolution eine blutige Wendung, als die radikale Linke mit Gewalt eine sozialistische Rätediktatur erzwingen wollte. Anhänger einer parlamentarischen Demokratie entschieden den Machtkampf bis Frühjahr 1919 für sich.

Der Rat der Volksbeauftragten

Berlin November/Dezember 1918
1989/2046.18

Anfang November 1918 weiteten sich die von kriegsmüden Matrosen in Wilhelmshaven und Kiel ausgehenden Unruhen über Deutschland aus. Als die revolutionäre, antimonarchische Stimmung am 9. November Berlin erreichte, erklärte Reichskanzler Max von Baden zur Beruhigung der Massen eigenmächtig den Thronverzicht des Kaisers. Die daraufhin innerhalb weniger Stunden erfolgte doppelte Ausrufung der Republik durch den Sozialdemokraten Philipp Scheidemann und den Spartakistenführer Karl Liebknecht war Ausdruck der zunehmenden Polarisierung innerhalb der Revolutionsbewegung.

Unter der Losung »Kein Bruderkampf!« versuchte die SPD-Führung, die junge Republik zu schützen und einen Bürgerkrieg zu verhindern. Um eine möglichst starke Übergangsregierung mit breiter Unterstützung im Volk zu bilden, einigte sich die SPD mit der revolutionären Unabhängigen Sozialdemokratischen Partei Deutschlands auf eine gemeinsame Regierungsverantwortung. Friedrich Ebert (SPD) und Hugo Haase (USPD) übernahmen im sechsköpfigen »Rat der Volksbeauftragten« den gleichberechtigten Vorsitz. In den folgenden Wochen wuchs die Kluft zwischen der SPD und der radikaleren USPD. Als Ebert in den Weihnachtskämpfen 1918 Einheiten der alten »kaiserlichen« Armee gegen Revolutionäre einsetzte, verließ die USPD den »Rat der Volksbeauftragten«.

Barrikade in der Schützenstraße
Willy Römer (Berlin 1887–1979 Berlin)
Berlin 11. Januar 1919
PK 94/378

Zum Jahreswechsel 1918/19 schlossen sich die Spartakisten mit anderen linksradikalen Gruppierungen zur Kommunistischen Partei Deutschlands zusammen. Mit Gründung der KPD wollte sich die radikale Linke deutlich von den als zu gemäßigt empfundenen beiden anderen Arbeiterparteien SPD und USPD abgrenzen. Ziel der KPD war die Vollendung der Revolution in Deutschland nach sowjetrussischem Vorbild. Zwar drängten Rosa Luxemburg und Karl Liebknecht auf eine Beteiligung an der Wahl zur Nationalversammlung, die Mehrheit der radikalen Linken aber wollte die Wahl verhindern und die angestrebte Rätediktatur mit einen bewaffneten Aufstand herbeiführen: Vom 5. bis 12. Januar 1919 lieferten sich Linksradikale in Berlin blutige Kämpfe mit Soldaten und Freikorpsangehörigen.

Viele ehemalige Frontsoldaten standen vor einer ungesicherten Zukunft und schlossen sich den nach Kriegsende entstehenden Freikorps an, in

denen sie Verpflegung und ein wenig Geld erhielten. Seit Dezember 1918 setzte die Regierung diese monarchistisch und rechtskonservativ orientierten Freiwilligenverbände zum Kampf gegen linke innenpolitische Gegner ein. Nach der Niederschlagung des »Januaraufstandes« 1919 ermordeten Freikorpsangehörige Karl Liebknecht und Rosa Luxemburg.

Friedrich Ebert (1871–1925)
Georg Kolbe (Waldheim/Sachsen 1877–1947 Berlin)
Berlin 1925, 1996 (Replik)
Bronze
PI 96/14

Nach dem Sturz der Monarchie sollte die Entscheidung über die zukünftige Staatsform des Deutschen Reiches einer verfassungsgebenden Nationalversammlung vorbehalten bleiben.

Über deren Zusammensetzung konnten mit Einführung des Frauenwahlrechts und Senkung des Wahlalters alle Deutschen ab 21 Jahren abstimmen. Eine überwältigende Mehrheit von ihnen votierte am 19. Januar 1919 für die zu Republik und Demokratie stehenden Parteien: Der siegreichen SPD folgten das Zentrum und die linksliberale Deutsche Demokratische Partei. Sie verfügten zusammen über eine Dreiviertel-Mehrheit und bildeten die neue Regierung.

Die Nationalversammlung wich im Februar 1919 wegen der revolutionären Stimmung in Berlin in das friedlichere Weimar aus. Hier verabschiedete sie am 31. Juli 1919 die neue, demokratische Verfassung, die zu den liberalsten ihrer Zeit zählte. Erster Reichspräsident wurde Friedrich Ebert. Sein Bemühen um einen überparteilichen Ausgleich und seine verhältnismäßig lange Amtszeit im Vergleich zu den Regierungspolitikern ließen ihn zur ersten Symbolfigur der Weimarer Republik werden. Nach Eberts Tod 1925 gab Reichstagspräsident Paul Löbe diese Büste in Auftrag. Proteste rechter Abgeordneter verhinderten jedoch die Aufstellung der Skulptur im Reichstag; sie fand ihren Platz im Preußischen Landtag.

Die frühen Jahre der Weimarer Republik

Hunger und Wohnungsnot bestimmten vor allem in den Anfangsjahren der Weimarer Republik den Alltag vieler Menschen. In Großstädten führte der Kampf ums nackte Überleben zu einem massiven Anstieg der Kriminalität: Plünderungen von Geschäften und Lagern nahmen an manchen Orten erschreckende Ausmaße an.

Das soziale Elend und die politische Instabilität waren zu Beginn der 20er-Jahre fruchtbarer Nährboden für extremistische Gruppierungen und radikale Parteien. Im März 1920 putschten rechtsgerichtete Militärs in Berlin; in Mitteldeutschland und im Ruhrgebiet folgten revolutionäre und separatistische Aufstandsbewegungen. Bei einem großen Teil der deutschen Bevölkerung waren Verständnis für Demokratie und Meinungsvielfalt nicht verankert, eine weit verbreitete Geringschätzung des Parlamentarismus ließ die Weimarer Republik als »Demokratie ohne Demokraten« erscheinen.

Ihre vorläufig schwerste Bewährung erlebte die Republik im Krisenjahr 1923 mit der Ruhrbesetzung und Hyperinflation. Dem Deutschen Reich drohte angesichts rasanter Verarmung sowie rechter, linker und separatistischer Umsturzversuche ein Bürgerkrieg. Zwar entspannte sich die politische und wirtschaftliche Situation ab 1924, aber die Verhältnisse blieben labil. Ein Großteil der durch Inflation und politisches Chaos traumatisierten Deutschen hatte jedes Vertrauen in den Staat verloren.

Protestplakat gegen die Bestimmungen des Versailler Vertrages
Louis Oppenheim
(Coburg 1879 – 1936)
Berlin 1919
Lithographie
1988/1942

Das Deutsche Reich unterzeichnete am 28. Juni 1919 in Versailles einen von den Entente-Staaten diktierten Friedensvertrag, der es zu einer zweitrangigen Macht degradieren sollte. Deutschland musste u.a. ein Siebtel seines Gebietes mit einem Zehntel seiner Bevölkerung an Nachbarstaaten abtreten, die Heeres- und Marinestärke durfte 115 000 Berufssoldaten nicht überschreiten.

Von der äußersten Rechten bis zur Linken lehnten die meisten Deutschen den Vertrag als »Diktat- und Schandfrieden« ab. Besonders verbittert waren sie über den Vorwurf einer deutschen Alleinschuld am Kriegsbeginn und die von den Siegermächten geforderten Reparationszahlungen, die Deutschlands Wirtschaftskraft bei weitem überstiegen.

Das Plakat illustriert den Umfang der dem Reich auferlegten Entschädigungen. Die abgemagerte Familie versinnbildlicht die Furcht vor Armut und Hungerjahren. In Deutschland wuchs der Hass gegen die Siegermächte und deutsche »Erfüllungspolitiker«.

»Hunger«
Graphikmappe zugunsten der Internationalen Arbeiterhilfe, Blatt 2
George Grosz
(Berlin 1893–1959 Berlin)
Berlin 1924
Lithographie
Gr 62/241

Nach Ende des Krieges wurde die Nahrungsmittelrationierung nur langsam abgebaut, Lebensmittelkarten waren für das tägliche Überleben weiterhin unentbehrlich. Vor allem Kinder und alte Menschen starben an den Folgen von Unterernährung.

Neben den Unterernährten prägten Kriegsversehrte das Straßenbild. Die hohe Arbeitslosigkeit machte es den Invaliden trotz speziell entwickelter Prothesen besonders schwer, Lohn und Brot zu finden. 1924 waren noch 700 000 Kriegsbeschädigte auf staatliche Unterstützung angewiesen. Nicht besser erging es den Kriegswitwen, die ihre Kinder allein durchbringen mussten.

Armut und Mangelernährung großer Bevölkerungskreise veranlassten meist linksorientierte Künstler zu Solidaritätsaktionen für die Hungerhilfe. Mit der Darstellung einer hungernden Familie vor einem gefüllten Delikatessengeschäft machte George Grosz nicht den Mangel an Nahrungsmitteln für Hunger, Armut und Not verantwortlich, sondern die ungerechte Verteilung von Gütern.

»Hilf dies Haus schützen!« – Plakat der SPD zur Reichstagswahl 1920
München 1920
Lithographie
P 61/1481

In Großstädten und Industriezentren kam es 1919/20 zu linken Aufständen gegen die Republik. Ihr drohte aber auch Gefahr von rechts: Der im Versailler Vertrag festgelegten Truppenreduzierung widersetzte sich der ranghöchste General der Reichswehr, Walther von Lüttwitz. Am 13. März 1920 besetzte er mit der aufzulösenden Marinebrigade Ehrhardt das Regierungsviertel in Berlin. Lüttwitz ernannte Wolfgang Kapp, den maßgeblichen Kopf der zum gewaltsamen Umsturz entschlossenen »Nationalen Vereinigung«, zum Reichskanzler. Die Reichswehr wollte gegen ihre putschenden Kameraden nicht vorgehen, sie verhielt sich abwartend.

Der Militärputsch wurde nach Verhandlungen mit der Reichsregierung und angesichts einer sich massiv aufbauenden Streikfront der Arbeiterbewegung beendet. Nach dem Putsch sah die SPD die Stabilität der Republik vor allem durch die »Reaktion« bedroht. Mit der Farbgebung des Wahlplakats drückten die Sozialdemokraten ihre eindeutige Zustimmung zu der schwarz-rot-goldenen Republik aus.

»Hitler spricht!«
Veranstaltung der NSDAP im Zirkus Krone
Heinrich Hoffmann
(Fürth 1885–1957 München)
München 1923
Ph 95/79

Nach dem Krieg entwickelte sich Bayern zum Zentrum völkisch-antisemitischer Gruppierungen, die vor allem die 560 000 in Deutschland lebenden Juden für die Niederlage, die revolutionären Unruhen und das soziale Elend verantwortlich machten. Nirgends verlief die Revolution so blutig wie in München.

Im September 1919 trat Adolf Hitler in München einer kleinen rechtsextremen Partei bei, die unter seinem Einfluss schon bald überregionale Bedeutung erzielte. Hitlers Hasstiraden gegen die »verjudete Republik« und das

»Vertragswerk von Versailles« zogen Tausende Menschen an. Von 1922 bis Ende 1923 steigerte die NSDAP die Zahl ihrer Mitglieder von 6000 auf 55 000.

Auf dem Höhepunkt der Inflation 1923 wollte Hitler im Bündnis mit national-konservativen Kreisen Bayerns die Berliner Reichsregierung gewaltsam stürzen. Als die konservativen Kräfte auf Distanz zu Hitler gingen, scheiterte der Putschversuch am 9. November.

Schießscheibe mit einer Karikatur zur Besetzung des Ruhrgebietes
Deutschland 1923/1925
Mischtechnik, Holz
1990/1463

Im Januar 1923 besetzten französische und belgische Truppen das Ruhrgebiet. Vorwand waren geringe Verzögerungen

deutscher Reparationsleistungen. In Deutschland löste die Besetzung einen Sturm der Entrüstung aus. Die Reichsregierung rief die Bevölkerung zum »passiven Widerstand« auf.

Brutalität und Willkür der Besatzer waren Hauptmotive der deutschen Propaganda. Damit sollte die nationale Geschlossenheit auch angesichts massiver Wirtschafts- und Ernährungsprobleme sowie der galoppierenden Inflation aufrecht erhalten bleiben.

Mit der Ruhrbesetzung geriet die seit Jahren spürbare Inflation völlig außer Kontrolle. Ein Kilo Brot kostete im August 1923 rund 69 000 Mark, im November über 200 Milliarden Mark. Die Währungsreform am 15. November 1923 beendete die Inflation, doch die Ersparnisse von Millionen Menschen, vor allem der Zeichner von Anleihen während des Krieges, waren vernichtet.

Die Phase relativer Stabilität

Mitte der 20er-Jahre normalisierte sich die politische und wirtschaftliche Lage in Deutschland. In der einzigen vollen Legislaturperiode der Republik von 1924 bis 1928 regierten bürgerliche Kabinette. Entgegen den Befürchtungen vollzog der 1925 zum Nachfolger des verstorbenen Reichspräsidenten Ebert gewählte Generalfeldmarschall Paul von Hindenburg keine monarchische Wende: Er verhielt sich gegenüber der Weimarer Verfassung loyal und war ein von den demokratischen Parteien weitgehend anerkannter Präsident.

Der 1923 zum Außenminister ernannte Gustav Stresemann verfolgte während seiner sechsjährigen Amtszeit eine Politik konsequenter Aussöhnung mit den Siegermächten, allen voran mit Frankreich. Durch die Verständigungspolitik gegenüber dem Westen überwand Deutschland seine außenpolitische Isolierung und erhielt für seinen Wirtschaftsaufbau dringend benötigte Kredite aus dem Ausland. Die industrielle Produktion erreichte 1927 wieder den Umfang von 1913, technischer Fortschritt und Elektrifizierung schritten voran.

Mit herausragenden Leistungen in Wissenschaft und Technik gewannen deutsche Wissenschaftler internationales Prestige zurück: Von den zwischen 1919 und 1933 verliehenen 36 naturwissenschaftlichen Nobelpreisen ging jeder dritte an einen Forscher aus Deutschland. Erfolge in der Wissenschaft und technische Innovationen galten als Beweise deutscher Leistungsfähigkeit.

Der Motorradfahrer
Lotte Laserstein
(Preußisch-Holland 1898–1993 Kalmar)
Deutschland 1929
Öl, Holz
1990/2491

Motorräder und Kraftwagen eroberten ab Beginn der 20er-Jahre die Straße: Von 1921 bis 1931 erhöhte sich der Bestand in Deutschland von rund 26 700 auf etwa 800 000 Motorräder. Mit Verbesserung der Wirtschaftslage ab 1924 und der Einführung kostengünstiger Fließbandproduktionen stieg auch der Bestand der Pkw von 1924 bis 1932 von rund 132 000 auf fast eine halbe Million.

Mit dem eigenen Motorrad oder Auto eine Wochenendfahrt zu unternehmen war jedoch ein Luxus, den sich nur wenige Deutsche leisten konnten. Als Freizeitvergnügen beliebt waren preisgünstige Ausflüge mit dem Fahrrad oder der Eisenbahn sowie Schwimmbadbesuche und Tanzveranstaltungen. Zu Fußballspielen, Boxkämpfen, Rad- und Autorennen strömten wöchentlich Hunderttausende. Diese Formen der kommerzialisierten Massenunterhaltung verdrängten vor allem in der Großstadtjugend traditionelle Aktivitäten mit der Familie und brachen soziale Milieus auf.

Viele Jugendliche versuchten allerdings, der städtischen Massenkultur und der »Amerikanisierung« des Alltags zu entfliehen: Sie folgten dem Ruf »Zurück zur Natur« und zogen als »Wandervogel« ins Grüne.

»Charleston«-Kleid
um 1925
Seide, Glasperlen, Straußenfedern
KT 94/402

In den Großstädten befriedigten nach den unruhigen Krisenjahren Revuen und Variétés die Vergnügungssucht. Tanzlokale für die Massen aus allen sozialen Schichten hatten großen Zulauf, Rundfunk und Schallplatten förderten die Verbreitung immer neuer Schlager und amerikanischer Modetänze wie des »Charleston« oder des »Shimmy«. Die für die Tänze notwendige Bewegungsfreiheit erlangten modebewusste Damen in nur knielangen Röcken oder in mit Glasperlen und Pailletten bestickten Hemdkleidern.

Das Leben pulsierte vor allem in Berlin, neben Paris und London die europäische Kulturmetropole schlechthin. Die mit 4,3 Millionen Einwohnern drittgrößte Stadt der Welt bot gesellschaftliche Freiräume für eine kulturelle Avantgarde und zog Menschen aus ganz Europa magisch an. Die Anonymität der Großstadt erleichterte es Frauen, sich von traditionellen Lebens- und Moralvorstellungen abzuwenden und neue Formen der Selbstverwirklichung und Selbstdarstellung zu entwickeln. Ausgehend von einer kleinen Gruppe von Akademikerinnen, Schriftstellerinnen und Künstlerinnen entwickelte sich der Typ der modernen, unabhängigen »Neuen Frau« mit Bubikopf und Zigarettenspitze. Romane, Zeitschriften und die Werbung machten dieses Image populär.

Schreibtisch B 287
Benno Weil (gest. 1962)
Gebrüder Thonet A.G.
um 1930
Stahlrohr, Buche, Eiche
KG 96/24

Den engen Wohnungen in den dunklen Mietskasernen der Großstädte stand die Wohnidee des von Walter Gropius 1919 in Weimar gegründeten Bauhauses diametral gegenüber: Helligkeit und sanitäre Ausstattungen sollten die Wohnver-

hältnisse breiter Bevölkerungsschichten verbessern. Als Alternative zu den traditionellen Bauformen prägten Standardisierung und rationalisierte Funktionalität das Wohnen.

Das Bauhaus wurde zu einem Symbol der Moderne und setzte neue Maßstäbe für die Architektur. Neue Wege beschritt es auch beim Design von Einrichtungsgegenständen. Zu den ersten Produkten, die das Bauhaus international bekannt machten, gehörten Möbel aus Stahlrohr. Einige der von Bauhaus-Künstlern entwickelten Stahlrohrmöbel wurden seit Ende der 20er-Jahre von der Firma Thonet hergestellt und vertrieben. Sie waren keine preiswerten Massenprodukte und verkörpern in ihrer kühlen Eleganz und Sachlichkeit neue Gestaltungsmöglichkeiten. Dieser Schreibtisch war seit Anfang der 30er-Jahre im Thonet-Programm.

Modell der Auferstehungskirche – »Rundkirche« – in Essen
Architekt: Otto Bartning
1930
Modell: Andrea Jensen (Modell)
Braunschweig 2005
Foto: Ulrich Knufinke

Die Auseinandersetzung der Konfessionen mit den Umbrüchen in Staat und Gesellschaft sowie mit einer neuen Formensprache in der Kunst wirkte sich auch auf die zeitgenössischen Sakralbauten aus.

Ein bedeutendes Beispiel des Kirchenbaus in den Weimarer Jahren ist die von Otto Bartning entworfene Auferstehungskirche in Essen. Als Vertreter des »Neuen Bauens« im Spannungsfeld zwischen Expressionismus und neusachlicher Moderne sowie unter Einbeziehung traditioneller Elemente entwarf er einen kreisförmigen Grundriss: Predigtkirche und Abendmahlraum stehen in Einklang, Altar und Kanzel stellen den Mittelpunkt der Rundkirche dar.

Das Modell wurde erarbeitet von Bet Tfila – Forschungsstelle für jüdische Architektur in Europa am Fachgebiet Baugeschichte der Technischen Universität Braunschweig und am Center for Jewish Art der Hebrew University of Jerusalem. Die Evangelische Kirche in Deutschland, der Verband der Diözesen Deutschlands und der Zentralrat der Juden in Deutschland förderten das Projekt.

Plakat zum Ufa-Spielfilm »Metropolis« von Fritz Lang

Werner Graul
Deutschland 1926
Lithographie
P 62/20

Das Kino erlebte in der Weimarer Republik einen rasanten Aufschwung. Deutschland, und hier vor allem die in Potsdam-Babelsberg ansässige Universum-Film AG, produzierte mehr Filme als alle anderen europäischen Staaten zusammen. Rund zwei Millionen Menschen täglich strömten Ende der 20er-Jahre auf der Suche nach Unterhaltung und Freizeitvergnügen in über 5000 Kinos.

Der Millionen teure Stummfilm »Metropolis« mit seiner Technik- und Sozialkritik erwies sich 1926 zwar als Misserfolg an deutschen Kinokassen, international avancierte er jedoch zu einem Klassiker der Filmkunst. Mit dem ersten großen deutschen Tonfilm »Der blaue Engel« gelang Marlene Dietrich 1930 der Durchbruch zum Weltstar. Der sozialkritische Spielfilm »Berlin-Alexanderplatz« nach dem gleichnamigen Roman von Alfred Döblin erregte 1931 Aufmerksamkeit.

Film und Literatur versuchten zunehmend, in einer allgemeinverständlichen Sprache authentische Gesellschaftsanalysen zu vermitteln und das häufig trostlose Alltagsleben sowie die politischen Verhältnisse darzustellen. Eine neue avantgardistische Kunst- und Kulturszene brach mit den als überkommen angesehenen künstlerischen Formen.

Maler der Neuen Sachlichkeit wie Otto Dix oder George Grosz schufen scharfe gesellschaftskritische Bilder der Alltagswelt.

Hitlers Ernennung zum Reichskanzler am 30. Januar 1933 nahm die internationale Öffentlichkeit eher beiläufig zur Kenntnis. Rechtsgerichtete Regierungen und Diktaturen gab es in vielen Ländern, und die meisten Menschen sahen in ihnen einen wirksamen Schutz vor linksgerichteten Umsturzversuchen. Doch Hitler war getrieben von der Überzeugung, Krieg führen zu müssen zur Vernichtung des »jüdischen

1933 – 1945

Bolschewismus« in der Sowjetunion und zur Errichtung einer »arischen« Herrschaft über Europa.

Allen in Mitteleuropa vorhandenen Erfahrungen entzog sich die Radikalität, mit der das NS-Regime die politische Opposition zerschlug und die jüdische Bevölkerung sowie andere Gruppen verfolgte. Dennoch wuchs die Zustimmung der Deutschen zu ihrem »Führer«: Außenpolitische Erfolge, wirtschaftlicher Aufschwung, Wohlfahrtsleistungen und neue militärische Stärke förderten einen wachsenden Nationalstolz und überdeckten bei den meisten Deutschen den menschenverachtenden Charakter des NS-Systems.

Der deutsche Angriff auf Polen am 1. September 1939 war Auftakt zum Zweiten Weltkrieg. Den Siegen in West- und Nordeuropa folgte 1941 der Überfall auf die Sowjetunion. Mit dem Vernichtungskrieg gegen die russische Zivilbevölkerung begann auch die systematische Ermordung der europäischen Juden. Die deutsche Kapitulation am 8. Mai 1945 gegenüber der Sowjetunion, Großbritannien und den USA beendete den Krieg in Europa. Er kostete das Leben von über 50 Millionen Menschen. Etwa sechs Millionen Juden wurden Opfer des Völkermords.

Das NS-Regime

Dem »Kabinett der nationalen Konzentration« unter Hitler gehörten anfangs nur zwei weitere Mitglieder der NSDAP an, aber acht Politiker aus dem konservativ-nationalen Lager. Trotzdem gelang es den Nationalsozialisten schnell, die angestrebte Diktatur zu errichten: Im Sommer 1933 waren bis auf die NSDAP alle Parteien verboten oder aufgelöst, die freien Gewerkschaften zerschlagen. Von Reichspropagandaminister Joseph Goebbels kontrolliert, warben Presse, Film und Rundfunk unablässig für den nationalsozialistischen Staat, während gleichzeitig ein Verfolgungsapparat von Polizei und SS aufbaut wurde.

Als Verdienst der Regierung Hitlers werteten die meisten Deutschen den raschen Abbau der hohen Arbeitslosigkeit und die Wiederherstellung nationaler Geschlossenheit nach Jahren parteipolitischer Zerrissenheit. Von staatlicher Wohlfahrtspolitik und finanziellen Vergünstigungen profitierten weite Kreise der Bevölkerung, deren Zustimmung zum NS-Staat kontinuierlich wuchs. Auch außenpolitisch verbuchte das »Dritte Reich« eine Reihe von Erfolgen, die das lang ersehnte Gefühl nationaler Größe und Stärke vermittelten und Hitlers Ansehen weiter festigten.

Angesichts der innen- und außenpolitischen Erfolge stießen die antisemitischen Maßnahmen des NS-Regimes in Deutschland kaum auf offenen Widerspruch. Und nur die wenigsten Deutschen nahmen zur Kenntnis, wie zielgerichtet das Land auf einen Krieg vorbereitet wurde.

»Aufmarsch II«
Karl Hubbuch
(Karlsruhe 1891–1979 Karlsruhe)
Deutschland 1933
Öl, Hartfaser
1987/66

Den Aufstieg der Nationalsozialisten stellte Karl Hubbuch als düstere Gesellschaftskritik dar: Die Menschen außerhalb der Stadtmauer verfolgen den braunen Aufmarsch wie gebannt, die Menschen innerhalb der Mauern scheinen ihn zu ignorieren und sich keine Gedanken über die weitere Entwicklung zu machen. Auch die deutsche Bevölkerung reagierte ganz unterschiedlich auf die Ernennung Hitlers zum Reichskanzler.

Die Nationalsozialisten und ihre Anhänger feierten die »nationale Erhebung« am 30. Januar 1933 mit Fackelzügen durch das Brandenburger Tor. Nach Jahren des wirtschaftlichen Niedergangs und kaum handlungsfähiger Regierungen begrüßten selbst Teile der nicht nationalsozialistisch eingestellten Bevölkerung die Übertragung der Regierungsgeschäfte an den Parteivorsitzenden der stärksten Reichstagsfraktion.

Mit Sorge und Befürchtungen hingegen nahmen die ideologischen Gegner der Nationalsozialisten die politische Entwicklung zur Kenntnis. Kommunisten und Sozialdemokraten hatten sich teils blutige Auseinandersetzungen mit den Anhängern der NSDAP geliefert und sahen sich nun von der neuen Regierung bedroht. In Sorge, dass Hitler seine antisemitischen Vorstellungen als Reichskanzler umsetzen würde, entschlossen sich viele Juden zur Emigration.

Durch Licht zur Nacht
Titelblatt der »AIZ« Nr. 18
John Heartfield [= Helmut Herzfeld]
(Berlin 1891–1968 Berlin)
Prag 10. Mai 1933
Tiefdruck
Do 57/27.2

Wenige Wochen nach dem gewaltsamen Boykott jüdischer Geschäfte, Arztpraxen und Anwaltskanzleien vom 1. April zeigten die Nationalsozialisten bei der »Bücherverbrennung« am 10. Mai 1933 erneut, wie sie Deutschland »säubern« wollten: Als Höhepunkt einer Kampagne der »Deutschen Studentenschaft« gegen missliebige Künstler, Schriftsteller, Publizisten und Wissenschaftler wurden in vielen Städten die Werke demokratischer, sozialistischer und jüdischer Autoren als »undeutsch« verbrannt.

Neben demonstrativer Gewalt und Einschüchterungen bedienten sich die Nationalsozialisten zur Durchsetzung ihrer Ziele auch des Regierungs- und Verwaltungsapparats. So bot die unmittelbar nach dem Reichstagsbrand am 28. Februar 1933 erlassene »Verordnung zum Schutz von Volk und Staat« eine formale Rechtsgrundlage zur »legalen« Verfolgung von Kommunisten, Sozialdemokraten und allen anderen »Regimegegnern«. Durch die Zwangsmitgliedschaft der »Kulturschaffenden« in der »Reichskulturkammer« hatte Goebbels als Vorsitzender der Kammer die Kontrolle über alle Mitglieder.

Die Fotocollage des nach Prag geflüchteten John Heartfield für die Titelseite der kommunistischen Arbeiter Illustrierten Zeitung zeigt Goebbels und den brennenden Reichstag als Hintergrund der Bücherverbrennung.

NSDAP- und SA-Aufmarsch – Reichsparteitag 1933

Ernst Vollbehr
(Kiel 1876–1960 Krumpendorf)
Nürnberg 1933
Gouache
Gr 95/55

Ernst Vollbehr zählte zu den beliebtesten Künstlern des NS-Staats und war verlässlicher Parteigänger. Seine Darstellungen von braunen Massen unter Hakenkreuzfahnen sind unverfälschter Ausdruck nationalsozialistischer Ideologie.

Die stets im September abgehaltenen Parteitage waren Höhepunkt des nationalsozialistischen Festkalenders mit endlos scheinenden Aufmärschen, Umzügen und Militärparaden. Bis in alle Details geplant, sollten sie Größe und Geschlossenheit der NS-Bewegung vor Augen führen. Jeder Parteitag stand unter einem eigenen Motto: Im Jahr der Machtübernahme wurde der »Sieg des Glaubens« gefeiert, ein Jahr später der »Triumph des Willens«. Weitreichende Konsequenzen für die jüdische Bevölkerung hatte der »Reichsparteitag der Freiheit« 1935 mit der Verkündung der »Nürnberger Gesetze«. Unter dem Zeichen der Einverleibung Österreichs stand 1938 der »Reichsparteitag Großdeutschlands«. Der »Reichsparteitag des Friedens« 1939 wurde nach dem deutschen Angriff auf Polen abgesetzt.

Auch zu den anderen nationalsozialistischen Festen mobilisierten Staat und Partei über die von Goebbels gesteuerte Presse die gesamte Bevölkerung. So strömten jedes Jahr am »Tag der nationalen Arbeit« Menschenmassen zur Maifeier auf das Tempelhofer Feld und zum Erntedankfest auf dem Bückeberg.

Plakat des Winterhilfswerks

Max Reimer (Berlin 1877–1970 Schömberg)
Deutschland um 1933
P 29/25

Das im September 1933 gegründete »Winterhilfswerk des Deutschen Volkes« (WHW) sollte die Folgen von Arbeitslosigkeit mildern und zugleich die Idee der nationalsozialistischen »Volksgemeinschaft« populär machen. Jährlich sammelte das WHW dreistellige Millionenbeträge zur Unterstützung notleidender »Volksgenossen«: Die Sorge um das

Wohlergehen der deutschen Bevölkerung schien im Mittelpunkt aller Anstrengungen von Staat und Partei zu stehen.

In der »Volksgemeinschaft« gab es keinen Anspruch auf liberale Freiheitsrechte. Gefordert war die absolute Unterordnung unter die Ziele der politischen Führung. Möglichst kinderreich sollten die Familien sein. Dem Mann als Vater war die Rolle des Ernährers zugeschrieben, während die Frau als Mutter die Kinder versorgen und im nationalsozialistischen Sinn erziehen sollte. Für alle Zehnjährigen stand der Beitritt zur Hitlerjugend (HJ) an. Hier wurden Jungen wie Mädchen zu überzeugten Nationalsozialisten geformt.

Aufnahme in die »Volksgemeinschaft« fanden nur »Arier«, die dem nationalsozialistischen »Rassenideal« entsprachen. Juden wurden ebenso ausgegrenzt wie die aus unterschiedlichen Gründen als »erbkrank« oder »asozial« eingestuften Menschen. Sie wurden von der NS-Propaganda immer offener als »Schädlinge« des »gesunden Volkskörpers« diffamiert.

Fackelhalter vom Staffellauf nach Berlin
Essen 1936
Nirostahl
AK 94/425

Das nationalsozialistische Deutschland gewann mit der reibungslosen Durchführung der Olympischen Spiele 1936 auch international deutlich an Prestige. In nur kurzer Zeit war das Reichssportfeldgelände mit dem Berliner Olympiastadion fertig gestellt und auf Wunsch Hitlers noch um Maifeld, Glockenturm und Langemarck-Halle erweitert worden.

An dem 1936 erstmals durchgeführten Staffellauf der Fackelträger vom antiken Olympia zum Austragungsort der Spiele beteiligten sich 3400 Läufer. Mit dem Entzünden des Olympischen Feuers wurden die Spiele vor 100 000 begeisterten Besuchern feierlich eröffnet. Die sportlichen Erfolge der deutschen Mannschaft sicherten in der Gesamtwertung den ersten Platz mit deutlichem Vorsprung vor den USA. Im Sommer 1936 befand sich Deutschland in einer spürbaren Hochstimmung und sonnte sich im sportlichen Erfolg.

Von der Propaganda bewusst verschleiert, blieb der sonst offene Antisemitismus den meisten Besuchern aus dem Ausland verborgen: Die Schilder mit der Aufschrift »Juden unerwünscht« waren entfernt worden, selbst die Pressehetze unterblieb vorübergehend. Die Internierung von Sinti und Roma im »Zigeunerlager« Berlin-Marzahn sowie der Bau des Konzentrationslagers Sachsenhausen vor den Toren Berlins wurden kaum wahrgenommen.

Ausgrenzung, Verfolgung und Terror

Der jüdische Anteil an der deutschen Gesamtbevölkerung lag Anfang der 30er-Jahre unter einem Prozent. Die Juden bildeten eine heterogene Minderheit und unterschieden sich untereinander deutlich hinsichtlich ihrer Herkunft, sozialen Stellung und ihrer Haltung zur Religion. Viele Familien lebten seit Generationen in Deutschland und unterschieden sich von anderen Bürgern nur durch ihren Glauben. Für die Nationalsozialisten jedoch waren Juden Angehörige einer fremden »Rasse«.

Einer ersten Welle antisemitischer Ausschreitungen und Maßnahmen im unmittelbaren Anschluss an die »Machtergreifung« folgten im September 1935 die auf dem Reichsparteitag erlassenen »Nürnberger Gesetze«, mit denen Juden zu Menschen minderen Rechts degradiert wurden. 1938 verschärfte die NS-Führung ihren Antisemitismus weiter: Sie initiierte die Pogromnacht vom 9. zum 10. November und drängte die Juden aus dem gesellschaftlichen und wirtschaftlichen Leben. Übertragen wurden die antisemitischen Maßnahmen auf die Sinti und Roma. Auch sie wurden, wie die in Deutschland lebenden Farbigen, öffentlich gedemütigt und bewusst schikaniert.

Dem Terror des NS-Verfolgungsapparats waren aber auch diejenigen ausgesetzt, die sich dem Totalitätsanspruch von Partei und Staat aus politischen oder religiösen Gründen nicht beugen wollten. Diese Menschen lebten in täglicher Angst vor Entdeckung und Bestrafung.

Trau keinem Fuchs auf grüner Heid und keinem Jud bei seinem Eid!
Elvira Bauer
Nürnberg: Stürmer-Verlag 1936 (3. Aufl.)
R 92/1965

Als Herausgeber des antisemitischen Hetzblattes »Der Stürmer« war Julius Streicher bekannt für plakative Parolen und Skandalgeschichten mit sexistischem Hintergrund. Doch in seinem Verlag erschienen auch Bücher für Kinder mit allen stereotypen Vorwürfen gegen die jüdische Bevölkerung.

Diese Kinderbücher waren Teil der systematischen Erziehung zum Antisemitismus. Unverhohlen forderten sie »des Führers Jugend« zum Rassenhass auf. Der in Kinderreimen ausgedrückte Wunsch nach Verdrängung der jüdischen Bevölkerung aus Deutschland war vielen Erwachsenen gleichgültig. Sie interessierten sich kaum für das Leben der verfolgten Minderheit.

Große Teile der deutschen Bevölkerung aber machten sich den von Staat und Partei forcierten Antisemitismus zu eigen und billigten die fortschreitende Ausgrenzung der Juden aus dem gesellschaftlichen und wirtschaftlichen

Leben. Sozialer Neid und Unzufriedenheit mit der eigenen Lage verstärkten bei vielen Menschen eine antijüdische Grundeinstellung.

Propagandaplakat zur nationalsozialistischen »Rassenhygiene«

H. G. Hintze
Deutschland um 1937/38
1988/1284

Das Werbeplakat für die vom »Rassepolitischen Amt der NSDAP« herausgegebenen Monatshefte »Neues Volk« zeigt einen offensichtlich bewegungsunfähigen Mann und seinen Krankenpfleger. Mit dem Hinweis auf die von allen »Volksgenossen« zu zahlenden Kosten in Höhe von insgesamt 60.000 Reichsmark für die lebenslange Pflege dieses »Erbkranken« wirbt das Plakat unterschwellig dafür, Menschen mit Behinderungen aus der »Volksgemeinschaft« zu entfernen.

Die an universitären Forschungsinstituten angesiedelte »Erbgesundheitsforschung« wurde von den Nationalsozialisten als »Rassenhygiene« vereinnahmt und lieferte gewünschte Begründungen für die NS-Rassenpolitik. Systematisch wurde der Weg bereitet für Zwangssterilisationen und die als »Euthanasie« (Sterbehilfe) getarnte Ermordung unerwünschter »Ballastexistenzen«. Schätzungsweise 400 000 Menschen wurden Opfer von Zwangssterilisationen und rund 200 000 im Rahmen der »Euthanasie« ermordet.

»Frühappell im Erziehungslager« – Titelseite der Münchner Illustrierten Presse

Abbildung Seite 140
München 16. Juli 1933
Do2 95/2880

Am 21. März 1933 gab Heinrich Himmler den Auftrag zur Errichtung des Konzentrationslagers Dachau »mit einem Fassungsvermögen für 5000 Menschen«. Das anschließend zum »Musterlager« ausgebaute KZ Dachau wurde als »Dachauer Modell« Vorbild für alle späteren Konzentrationslager.

Wurden zunächst Kommunisten, Sozialdemokraten und Gewerkschafter als politische Gegner des NS-Regimes interniert, so folgten auch in Dachau bald Kriminelle, Zeugen Jehovas, engagierte Christen, Sinti und Roma sowie vor allem Juden. Allein nach dem Novemberpogrom 1938 verschleppte die SS 10 000 jüdische Gefangene nach Dachau.

Der Häftlingsalltag stand im krassen Gegensatz zum Propagandabild der Münchner Illustrierten Presse: Zwangsarbeit, katastrophale hygienische Verhältnisse und die Brutalität der Bewacher forderten mindestens 30 000 Menschenleben. Seit 1938 wurde Dachau immer mehr zu einem internationalen Häftlingslager. Tausende sowjetischer Kriegsgefangener wurden hier ermordet.

»Er wird sich befreien« – aus dem Zyklus »Unterm Hakenkreuz«
Lea Grundig (Dresden 1906–1977 Dresden)
1936
Kaltnadelradierung
Gr 58/481

Lea Grundig war, wie auch ihr Mann Hans, Mitglied der Kommunistischen Partei und der »Assoziation Revolutionärer Bildender Künstler Deutschlands« (ASSO). Im Zyklus »Unterm Hakenkreuz« aus den Jahren 1933 bis 1936 thematisierte sie die selbst erlittene

Verfolgung Andersdenkender. Dem letzten Blatt gab Lea Grundig den Titel »Er wird sich befreien«.

Seit dem Sommer 1933 gab es kaum noch Hoffnung auf ein schnelles Ende des NS-Regimes. Die Nationalsozialisten hatten die Oppositionsparteien zerschlagen und ihre eigene Herrschaft gefestigt. Die NSDAP übernahm immer mehr staatliche Funktionen, die Unterschiede von Staat und Partei lösten sich auf. Versuche von Emigranten, die politische Entwicklung in Deutschland aus dem Exil zu beeinflussen, hatten ebenso wenig greifbaren Erfolg wie die Tätigkeit von Oppositionellen aus dem Untergrund.

Die Zentralisierung der Politischen Polizei sowie der Ausbau eines Systems von Konzentrationslagern unter dem Reichsführer SS Heinrich Himmler waren entscheidende Schritte zur Errichtung eines reichsweiten Verfolgungsapparats.

Nach dem »Anschluß« Österreichs verschärfte der NS-Staat seine antijüdischen Maßnahmen. Die Kriminalpolizei verhaftete im Juni 1938 vorgeblich Kriminelle, Landstreicher und Bettler, zahlreiche Juden sowie Sinti und Roma. Dieser »Juni-Aktion« folgten in Berlin und anderen Städten pogromartige Ausschreitungen gegen Juden.

Als der Sohn einer in einem Massentransport nach Polen abgeschobenen jüdischen Familie in Paris ein Attentat auf einen deutschen Botschaftsmitarbeiter verübte, kündigte Propagandaminister Goebbels eine reichsweite »Vergeltungsaktion« an: Mitglieder von NSDAP, SA und SS plünderten und zerstörten in der Pogromnacht vom 9. auf den 10. November 1938 rund 7500 jüdische Geschäfte, Wohnungen und Häuser, brannten Synagogen nieder oder verwüsteten sie. Zahllose Juden wurden misshandelt

Berliner Ausgabe

Berliner Ausgabe

Berlin, Sonntag, 13. November 1938

VÖLKISCHER BEOBACHTER

Kampfblatt der national-sozialistischen Bewegung Großdeutschlands

Deutsche im Ausland sind nicht vogelfrei!

Eine Milliarde Reichsmark Judenbuße für den Pariser Meuchelmord

Abrechnung des Reiches mit den jüdischen Verbrechern – Göring scheidet die Juden aus dem Wirtschaftsleben aus

Juden tragen die Kosten der gerechten Vergeltungskundgebung des deutschen Volkes

Sie sind gewarnt!

Ministersitzung bei Generalfeldmarschall Göring

Neuer Haftbefehl gegen Abraham und Chana Grünspan

Japanischer Vormarsch auf die chinesischen Widerstandszentren

Trauerfeier für Ernst vom Rath in der deutschen evangelischen Kirche in Paris

1918 – 1938

Der Völkische Beobachter zur »Judenbuße«

Berliner Ausgabe
13. November 1938
1989/571.2

und getötet, über 25 000 jüdische Männer in Konzentrationslager verschleppt.

Zur Begleichung der in der »Reichskristallnacht« entstandenen Schäden wurde den Juden eine »Sühneleistung« von einer Milliarde Mark auferlegt. Die auf dem Verwaltungsweg durchgeführte Entrechtung und Verdrängung aus dem Wirtschaftsleben entzog den deutschen Juden ihre Lebensgrundlage.

Außenpolitik und Kriegsvorbereitung

Mit dem Austritt aus dem Völkerbund im Oktober 1933 beendete das »Dritte Reich« auch seine Mitwirkung an der Genfer Abrüstungskonferenz. Die gleichzeitigen Friedensbeteuerungen Hitlers schien Deutschland mit dem deutsch-polnischen Nichtangriffspakt von 1934 und wenig später mit den Rüstungsbeschränkungen im deutsch-britischen Flottenabkommen unter Beweis zu stellen. Doch nach der gefeierten Wiederangliederung des Saargebiets 1935 schlug die deutsche Außenpolitik einen deutlich offensiveren Kurs ein.

In der Hoffnung auf militärische Zurückhaltung Großbritanniens und Frankreichs ließ Hitler 1936 deutsche Truppen in das entmilitarisierte Rheinland einmarschieren. Unter Androhung massiver Gewalt erreichte das »Dritte Reich« den »Anschluß« Österreichs und hatte damit alle »Fesseln von Versailles« gesprengt: Deutschland war nach fünf Jahren nationalsozialistischer Herrschaft eine europäische Großmacht, die sich auf Krieg einstellte. Teil der offenen Kriegsvorbereitung war die Erprobung neuer Waffensysteme im Spanischen Bürgerkrieg.

Den im Zuge der »Sudetenkrise« 1938 geplanten Militärschlag gegen die Tschechoslowakei verhinderte die britische und französische Appeasement-Politik. Auf die Zerschlagung der »Rest-Tschechei« im Frühjahr 1939 reagierten die beiden Westmächte jedoch mit einer von deutscher Seite unerwarteten Garantieerklärung für Polen. Um sich den Rücken für den Krieg freizuhalten, schloss Hitler nun ein Bündnis mit seinem eigentlichen Todfeind, der Sowjetunion.

Chiffriermaschine »Enigma«
Deutschland 1937
Metall, Holz, Kunststoff, Glas, Leder, Textil, Papier
AK 95/640

Nur wenige Tage nach seiner Ernennung zum Reichskanzler sprach Hitler vor der Reichswehrführung über seine Aufrüstungspläne und über einen Krieg zur Eroberung von »Lebensraum im Osten«. Unter Bruch der im Versailler Vertrag festgelegten Bestimmungen zur Beschränkung der deutschen Kriegsfähigkeit wurde 1935 die allgemeine Wehrpflicht wieder eingeführt und die Reichswehr zur »Wehrmacht« umgestaltet. Kurz nach Ende der Olympischen Spiele 1936 publizierte die Presse den »Vierjahresplan«: Deutschland sollte in spätestens vier Jahren kriegsfähig sein.

Als »Beauftragter für den Vierjahresplan« war Hermann Göring neben Hitler treibende Kraft der deutschen Aufrüstung. Die Göring unmittelbar unterstellte

Luftwaffe wurde in großem Umfang ausgebaut und ebenso modernisiert wie die beiden anderen Waffengattungen Heer und Marine. Die »Enigma« (griech.: Rätsel) zur Verschlüsselung von Texten wurde trotz ihrer zahllosen Kombinationsmöglichkeiten zur Chiffrierung bald nach Kriegsbeginn von gegnerischen Abhördiensten entschlüsselt.

»Éxodo«

Horacio Ferrer de Morgado
(Córdoba 1894–1978 Madrid)
Spanien 1938
Öl, Leinwand
Gm 99/1

In Spanien hatte eine Volksfront aus Sozialisten, Kommunisten und Republikanern bei den Parlamentswahlen 1936 über die Rechtsparteien gesiegt und die Regierung übernommen. Ein Putsch von Militärs unter dem faschistischen General Francisco Franco war Auftakt zu einem blutigen Bürgerkrieg. Während deutsche und italienische Verbände die Putschisten militärisch unterstützten, kämpften Freiwillige aus vielen Ländern mit Unterstützung der Sowjetunion in Internationalen Brigaden für die Volksfrontregierung.

Für Hitler war der Spanische Bürgerkrieg eine willkommene Möglichkeit zum Testen neuer Kriegstechnik. Rund 20 000 deutsche Soldaten wurden in der »Legion Condor« eingesetzt und sammelten Erfahrungen im Luftkrieg. Die Zerstörung zahlreicher Städte und Ortschaften durch deutsche Brandbomben galt in vielen Ländern als Ausdruck menschenverachtender Kriegsführung. In Berlin hingegen wurden zur Erinnerung an den erfolgreichen Kampf deutscher Truppen im Spanischen Bürgerkrieg zahlreiche Straßen und Plätze umbenannt.

Mit »Éxodo« schuf Ferrer eine ausdrucksstarke Ikone: Nach Luftangriffen der deutschen »Legion Condor« auf andalusische Küstenstädte 1937 flieht die Landbevölkerung mit ihrem Hab und Gut aus Furcht vor weiterer Bombardierung. Das Gemälde ist eines der letzten Werke Ferrers. Nach dem Sieg Francos wurde Ferrer mit Berufsverbot belegt und zu Zwangsarbeit verurteilt.

Klapp-Postkarte zum Münchner Abkommen
Berlin: Verlag C. Struck 1938
Do 78/35 II

Nach dem »Anschluß« Österreichs vom März 1938 strebte Hitler nach der Kontrolle über das tschechoslowakische Staatsgebiet als einer strategischen Voraussetzung für den Angriff auf Polen. Gezielt schürte die deutsche Propaganda Forderungen der 3,5 Millionen Sudentendeutschen nach Selbstbestimmungsrecht und Autonomie. In der festen Annahme, die Prager Regierung werde an den Sudetengebieten auf jeden Fall festhalten, forderte Hitler unter Androhung militärischer Gewalt ultimativ die Abtretung dieser Gebiete an Deutschland.

Zur Lösung der »Sudetenkrise« verhandelten der britische Premierminister Neville Chamberlain und der französische Ministerpräsident Edouard Daladier Ende September 1938 in München unter Vermittlung Mussolinis mit Hitler, der auf seiner Forderung beharrte. Unter massivem Druck Großbritanniens erklärte sich die tschechoslowakische Regierung zur Annahme des Münchner Abkommens bereit, mit dem die Tschechoslowakei zur sofortigen Räumung der Sudentengebiete verpflichtet wurde.

Chamberlains Hoffnung, in München den Frieden für Europa gerettet zu haben, scheiterte an Hitlers Kriegswillen: Nach Herauslösung der Slowakei aus dem tschechoslowakischen Staatsverband marschierte die Wehrmacht in der Nacht zum 15. März 1939 in die »Resttschechei« ein. Damit waren alle strategischen Voraussetzungen für einen Angriff auf Polen erfüllt.

Der Zweite Weltkrieg

Mit dem deutschen Überfall auf Polen 1939 begann der von Hitler seit langem geplante Krieg um »Lebensraum im Osten«. Von einer Kriegsbegeisterung in Deutschland konnte im September 1939 keine Rede sein, die schnellen Erfolge der Wehrmacht in Polen sowie 1940 in Dänemark, Norwegen, den Benelux-Staaten und Frankreich führten dann aber zu einer Siegeseuphorie. Pläne zur Eroberung Großbritanniens mussten nach der erfolglosen »Luftschlacht um England« im Frühjahr 1941 aufgegeben werden. Zur gleichen Zeit leistete Deutschland dem Bündnispartner Italien in Nordafrika und auf dem Balkan militärische Unterstützung.

Die von Hitler angestrebte Zerschlagung des »jüdischen Bolschewismus« sollte durch den Angriff auf die Sowjetunion ab 1941 verwirklicht werden. Mit dem Vernichtungskrieg im Osten begann der europaweite Völkermord an Juden sowie an Roma und Sinti. Zum Symbol der Kriegswende im Osten wurde zu Jahresbeginn 1943 Stalingrad. Nach der Landung alliierter Truppen in Frankreich am 6. Juni 1944 war die militärische Situation für Deutschland auch im Westen ausweglos. Die Alliierten eroberten seit Herbst 1944 das Reichsgebiet. Sie beendeten den nationalsozialistischen Terror in Europa und den von Deutschland entfachten Krieg.

Der Zweite Weltkrieg hinterließ Zerstörung in allen kriegsbeteiligten Staaten, wenn auch in sehr unterschiedlichem Ausmaß. Erstmals in einem Krieg erfolgten Flächenbombardements auf Städte: Sie forderten enorme Verluste in der Zivilbevölkerung, auf die rund die Hälfte der über 50 Millionen Kriegstoten entfiel.

Ein polnisches Mädchen bei seiner toten Schwester nach einem deutschen Tieffliegerangriff

Julian Bryan (Titusville 1900–1947 USA)
Warschau September 1939
1988/2164.1

Im Verlauf der fünfwöchigen Kriegshandlungen in Polen war mit Warschau erstmals eine Großstadt Ziel systematischer Luftbombardements, bei denen Tausende Einwohner getötet wurden. Der Krieg in Polen wurde von Anfang an auch gegen die Zivilbevölkerung mit äußerster Härte geführt. Die den Wehrmachtstruppen folgenden Einsatzgruppen ermordeten vor allem Intellektuelle, Mitglieder des Klerus und Juden.

Nachdem auch die Rote Armee – wie im Hitler-Stalin-Pakt vereinbart – am 17. September 1939 in Polen eingefallen war, teilten die beiden Angreifer das Land unter sich auf. Die deutschen Besatzer gliederten Teile des eroberten

Gebietes in das Deutsche Reich ein und begannen mit der »Germanisierung« der annektierten Reichsgaue. Sie vertrieben Hunderttausende Menschen in das besetzte Restpolen, das als »Generalgouvernement« deutscher Zivilverwaltung unterstand. Die Vertreibungen sollten Platz schaffen für Umsiedler, die als deutsche Minderheiten östlich der Reichsgrenze lebten.

Mit Hitler im Westen
Heinrich Hoffmann
(Fürth 1885–1957 München)
Berlin: Zeitgeschichte-Verlag
September 1940
GA 2726

An der deutsch-französischen Grenze herrschte nach Kriegsbeginn 1939 eine nur von gelegentlichen Scharmützeln unterbrochene Waffenruhe. Diesen so genannten Sitzkrieg beendete das Deutsche Reich am 10. Mai 1940 mit einer für Frankreich überraschenden Offensive über die neutralen Staaten Belgien, Niederlande und Luxemburg. Bis Mitte Juni 1940 war Frankreich besiegt, drei Fünftel des Landes kamen unter deutsche Besatzung.

Der unerwartet schnelle Sieg über einen militärisch so starken Gegner wie Frankreich löste in der deutschen Bevölkerung Erleichterung und Begeisterung aus. Hitler besuchte Paris am 23. Juni 1940, er kam als Eroberer und Tourist zugleich. Die Bilder von ihm vor dem Eifelturm gingen um die Welt. In Deutschland stand Hitler auf dem Höhepunkt seiner Popularität, die Wehrmacht schien unbezwingbar. Der angestrebte Sieg über Großbritannien scheiterte jedoch, als die Wehrmacht zum ersten Mal auf eine für sie unerwartet hohe Widerstandskraft stieß.

Plakat für das besetzte Frankreich mit einem Aufruf zum »Kreuzzug« gegen die Sowjetunion
Paris 1941
P 96/800

Am 22. Juni 1941 griff die Wehrmacht die Sowjetunion an. Sie galt den Nationalsozialisten als Träger des »jüdischen Bolschewismus« und als unmittelbare Bedrohung für das Deutsche Reich. Das NS-Regime deklarierte seinen rassenideologischen Eroberungskrieg im Osten als »Kreuzzug« zur Rettung des europäischen Abendlandes vor dem Bolschewismus.

Der Überfall auf die Sowjetunion radikalisierte den Zweiten Weltkrieg in jeder Hinsicht: In den von der Wehrmacht besetzten Gebieten ermordeten Einsatzgruppen systematisch Juden, Roma und Sinti sowie kommunistische Funktionäre. Als die deutsche Offensive vor Moskau stecken blieb, gelang sowjetischen Verbänden in der Winterschlacht 1941/42 der Beginn der Kriegswende.

Die anfängliche Freude von Teilen der einheimischen, vor allem ukrainischen und baltischen Bevölkerung über die Befreiung vom »stalinistischen Joch«

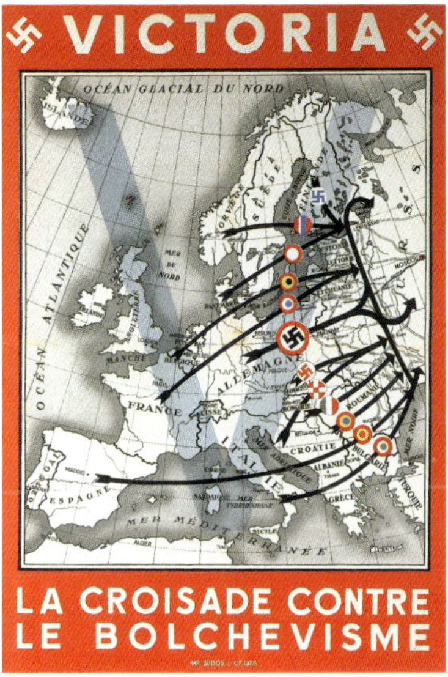

schlug angesichts des deutschen Terrors gegen die Zivilbevölkerung schnell in Hass um. Die Sowjetunion beklagte mit über 25 Millionen Toten die meisten Opfer des Krieges.

Das größere Opfer
Adolf Reich (Wien 1887–1963 Salzburg)
Österreich 1943
Öl, Leinwand
Gm 92/7

In Deutschland traten entgegen allgemeiner Befürchtungen in den ersten Kriegsjahren keine ernsthaften Versorgungsprobleme auf, so dass sich das alltägliche Leben zunächst kaum änderte. Zahlreiche Sport- und Kulturveranstaltungen sowie Unterhaltungsfilme in den Kinos boten Abwechslung und Zerstreuung.

Zum allgemeinen Straßenbild gehörten Sammlungen für das Kriegswinterhilfswerk. Spenden dafür sollten die Opferbereitschaft der »Heimatfront« demonstrieren, doch nahm die Bereitwilligkeit zum Spenden im Verlauf des Krieges deutlich ab. Das Gemälde »Das größere Opfer« appellierte an den beschworenen Geist einer solidarischen »Volksgemeinschaft«: Hitler-Jungen sammeln für das Winterhilfswerk,

während sich zwei Frauen nach einem Kriegsinvaliden umschauen. Im Hintergrund schiebt eine junge Witwe einen Kinderwagen. Angesichts des »Totalen Krieges« sollten alle Deutschen persönliche Opfer und individuelles Leid dem angestrebten »Endsieg« unterordnen.

Sowjetische Kriegsgefangene
Joe J. Heydecker
(Nürnberg 1916–1997 Wien)
Sowjetunion 1941
1987/8.51

Bis Jahresende 1941 gerieten rund 3,5 Millionen sowjetische Soldaten in deutsche Kriegsgefangenschaft. Mehr als die Hälfte von ihnen verhungerte oder erfror. Auch die zur Zwangsarbeit nach Deutschland verschleppten sowjetischen Kriegsgefangenen starben zu Hunderttausenden an Unterernährung, Entkräftung oder Krankheiten. Juden und kommunistische Funktionäre unter ihnen wurden ausgesondert und ermordet.

In Deutschland arbeiteten 1944 fast acht Millionen Menschen aus 26 Ländern in allen Wirtschaftsbereichen. Ihre rechtliche Lage sowie die Arbeits- und Lebensbedingungen hingen wesentlich von ihrer »rassischen« Einstufung ab. Viele Westeuropäer waren als Fremdarbeiter freiwillig gekommen. Sie rangierten in der Hierarchie über Osteuropäern und genossen eine höhere Freizügigkeit. Die Mehrheit der in Deutschland beschäftigten Polen und sowjetischen »Ostarbeiter« waren in ihrer Heimat zwangsrekrutiert worden. Für sie bestand in Deutschland Kennzeichnungspflicht.

Der nationalsozialistische Völkermord

Mit Beginn des Zweiten Weltkrieges radikalisierte das NS-Regime seine Politik gegenüber Juden und anderen Menschen, die nicht dem »arischen Rassenideal« entsprachen. Schon der deutsche Überfall auf Polen 1939 war begleitet von Morden an Juden und Exzessen gegenüber der jüdischen Bevölkerung, die in Ghettos zusammengepfercht und zur Zwangsarbeit verpflichtet wurde. Mit dem Krieg gegen die Sowjetunion erhielt die NS-Vernichtungspolitik ab Sommer 1941 eine neue Dimension: Bis Ende 1941 ermordeten Einsatzgruppen bei Massenerschießungen über eine halbe Million Menschen, neun Zehntel davon waren Juden.

Im Verlauf des Jahres 1941 beschloss die NS-Führung die Ermordung aller in ihrem Herrschaftsbereich lebenden Juden. Auf der »Wannsee-Konferenz« im Januar 1942 besprachen deutsche Dienststellen die geplante »Entjudung« Europas und den Ablauf der Deportationen in Ghettos und Lager im Osten. Der NS-Staat führte den Völkermord an den europäischen Juden ab 1942 in Vernichtungslagern im besetzten Polen systematisch durch: In Chełmno wurden Juden seit Dezember 1941 vergast, wenige Monate später auch in den eigens errichteten Vernichtungslagern Bełżec, Sobibór, Treblinka sowie in Majdanek. Zentrum der Vernichtungspolitik war das 1940 errichtete Konzentrationslager Auschwitz. Dort wurden in Gaskammern, durch Giftinjektionen und Erschießungen, Zwangsarbeit und medizinische Versuche rund 1,1 Millionen Menschen getötet. Insgesamt fielen dem NS-Völkermord etwa sechs Millionen Juden und Hunderttausende Roma und Sinti zum Opfer.

Junge im Warschauer Ghetto
Joe J. Heydecker
(Nürnberg 1916–1997 Wien)
Warschau 1941
1987/8.25

Die deutschen Besatzer errichteten zuerst in Polen, später auch in anderen eroberten Gebieten Europas Ghettos für die jüdische Bevölkerung, um die Menschen kontrollieren und ihre Arbeitskraft ausbeuten zu können.
In Warschau, der Stadt mit der größten jüdischen Gemeinde Europas, pferchten die Besatzungsbehörden im Herbst 1940 mehr als 350 000 Juden auf engstem Raum zusammen.

Zwangsarbeit, katastrophale hygienische Zustände sowie die Unterversorgung mit Lebensmitteln und Heizmaterial bestimmten das Leben in allen Ghettos. Die Todeszahlen in den abgeriegelten Zwangsquartieren waren immens, besonders Kinder und Ältere starben an Hunger und Krankheiten. Der »jüdischen Selbstverwaltung« oblag die Ausführung deutscher Befehle sowie die Organisation des Alltagslebens. Fluchtversuche und Aufstände waren

Selbstporträt im Versteck
Felix Nussbaum
(Osnabrück 1904–1944 Auschwitz)
Brüssel 1944
Öl, Leinwand
1988/1250

angesichts der Übermacht der deutschen Besatzer und einheimischer Hilfs- und Polizeiverbände meist aussichtslos.

Im Zuge der NS-Vernichtungspolitik liquidierten die Besatzer bis Ende 1943 die meisten osteuropäischen Ghettos: Die Mehrzahl der Bewohner wurde erschossen oder in den Vernichtungslagern ermordet, Arbeitsfähige wurden zur weiteren Zwangsarbeit in Konzentrations- oder Arbeitslager verschleppt.

Die massenhafte Deportation von Juden aus dem Deutschen Reich begann im Herbst 1941, ab Frühjahr 1942 folgten Transporte Hunderttausender Menschen aus dem besetzten Europa. Vor den Augen der Öffentlichkeit wurden sie in Sammellager gebracht und von dort aus in die besetzten Ostgebiete deportiert. Zumeist über viele Tage ohne ausreichend Wasser und Nahrung in Güterwaggons der Reichsbahn zusammengepfercht, starben unterwegs unzählige Deportierte. Die Überlebenden kamen anfangs zur Zwangsarbeit nach Polen und in die baltischen Länder. Mit Auflösung der Ghettos endete der Weg für die Deportierten an den Orten von Massenerschießungen oder in den Vernichtungslagern.

Ein Opfer des NS-Völkermords war der in Osnabrück geborene Maler Felix Nussbaum. Seit 1942 lebte er mit seiner Frau Felka versteckt in Brüssel. Das Selbstporträt mit Ehefrau und jungem Helfer zeigt Nussbaum als frommen Juden in blau-weiß gestreiftem Gebetsmantel mit Kippah. Auf der Europakarte verfolgen die Versteckten den Frontverlauf und den Vormarsch der Roten Armee nach Westen, doch in ihren Gesichtern drückt sich keine Hoffnung auf Rettung aus.

Nach Verrat ihres Versteckes wurden die Nussbaums in das Sammellager Mechelen eingeliefert und von dort am 31. Juli 1944 mit dem letzten Deportationszug aus Belgien nach Auschwitz transportiert.

»industriell« betriebenen Massenmordes der Nationalsozialisten. Ab März 1942 trafen in Auschwitz Transporte mit Juden aus fast allen deutsch besetzten Ländern Europas ein. SS-Ärzte trennten die Ankommenden nach Geschlechtern und »selektierten« sie: »Arbeitsfähige« wurden zur Zwangsarbeit eingeteilt, kranke und alte Menschen, Kinder sowie Frauen mit Babys und Kleinkindern meist als »arbeitsunfähig« eingestuft. Für etwa 900 000 Juden führte der Weg nach der »Selektion« direkt von der »Rampe« in die Gaskammern.

Zum durchorganisierten Mordverfahren gehörten nicht nur Deportation, »Selektion« und Tötung mit Giftgas, sondern auch die Verwertung der persönlichen Habe und das Verbrennen der Leichen. Von den mindestens 1,3 Millionen nach Auschwitz Deportierten überlebten nur etwa 230 000 Menschen das Lager.

Modell des Krematoriums II des Konzentrationslagers Auschwitz

Mieczyslaw Stobierski
(Sladow 1914–1998)
Krakau 1995
Holz, Gips
K 95/1

Größtes NS-Vernichtungslager war Auschwitz-Birkenau. Es wurde zum Synonym des staatlich organisierten,

Für die 1947 eröffnete Gedenkstätte in Auschwitz schuf der polnische Bildhauer Mieczyslaw Stobierski ein Modell der »Todesfabrik« mit rund 3000 Figuren.

Später entstanden weitere Ausfertigungen für das United States Holocaust Memorial Museum in Washington, das Deutsche Historische Museum sowie Yad Vashem in Jerusalem.

Der zersplitterte Widerstand

In Deutschland widersetzte sich nach 1933 nur eine vergleichsweise kleine Minderheit dem totalen Anspruch nationalsozialistischer Ideologie und ihrer gewaltsamen Umsetzung. Getragen wurde dieser Widerstand gegen das NS-Regime von verschiedenen Gruppen und Einzelpersonen aus politischen, religiösen oder ethischen Überzeugungen. Aus den oft nur kleinen, isolierten Gruppierungen formierte sich aber keine einheitliche Widerstandsbewegung.

Die Formen des Widerstandes reichten auch nach Kriegsbeginn 1939 von passivem Ungehorsam und non-konformem Verhalten über die Verbreitung regimefeindlicher Flugblätter und Schriften bis zu Attentatsversuchen. Einzelpersonen leisteten im Verborgenen Widerstand: Sie versteckten Verfolgte, versorgten sie mit Lebensmitteln oder verhalfen ihnen zur Flucht. Der einzige Erfolg versprechende Versuch eines Staatsstreichs durch Angehörige der Wehrmacht in Verbindung mit dem zivilen Widerstand scheiterte am 20. Juli 1944.

In den besetzten Gebieten zielte der Widerstand gegen die deutschen Besatzer vorrangig auf die Befreiung des eigenen Landes. Neben Streiks und gezielter Sabotage gab es Angriffe auf Wehrmachtseinheiten und Anschläge auf Einrichtungen der Besatzungsherrschaft. Im ehemaligen Jugoslawien, in Griechenland und in der Sowjetunion beteiligten sich seit 1941 jeweils Hunderttausende an den Partisanenkriegen.

Amerikanisches Plakat zum Massaker in Lidice

Ben Shahn (Kaunas 1898–1969 New York)
U.S. Office of War Information
Washington 1942
1988/1296

Als Vergeltungsakt für das tödliche Attentat auf den stellvertretenden »Reichsprotektor« von Böhmen und Mähren, Reinhard Heydrich, ermordete ein deutsches SS-Kommando am 10. Juni 1942 über 170 männliche Einwohner des tschechischen Dorfes Lidice. In Frankreich kamen am 10. Juni 1944 bei einem Massaker der Waffen-SS über 640 Bewohner von Oradour-sur-Glane ums Leben.

Im besetzten Polen formierte sich eine »Heimatarmee«, die im August 1944 in Warschau einen Aufstand begann. Bis zu dessen Niederschlagung im Oktober 1944 wurden 16 000 Kämpfer getötet, aber auch über 150 000 Zivilisten. Warschau wurde fast vollständig zerstört. Wie auf diesem Plakat dargestellt, erregten die von Deutschen verübten Verbrechen weltweit Abscheu.

Claus Schenk Graf von Stauffenberg (1907–1944)
Viktor Frank
(Moskau 1909–1943 Staraja Russa)
Berlin 1929, 1997 (Replik)
Bronze, Pl 97/6

Ab 1943 entwarfen Wehrmachtsoffiziere in Verbindung mit dem zivilen Widerstand Pläne für einen Staatsstreich. Ihnen gelang es, Dutzende von Unterstützern innerhalb und außerhalb der Wehrmacht zu gewinnen. Sie planten die Beseitigung des NS-Regimes und Frieden mit den Kriegsgegnern. Über die Zukunft Deutschlands aber herrschte Uneinigkeit. Die Rückkehr zur parlamentarischen Demokratie der Weimarer Republik strebten nur wenige Verschwörer an. Nachdem bereits mehrere Attentatsversuche auf Hitler gescheitert waren, legte Oberst Stauffenberg am 20. Juli 1944 im »Führerhauptquartier Wolfsschanze« bei einer Besprechung eine Bombe. Als bekannt wurde, dass Hitler den Anschlag nur leicht verletzt überlebt hatte, zeichnete sich das Scheitern des Umsturzversuches ab. Stauffenberg und drei andere Beteiligte wurden noch in der Nacht zum 21. Juli in Berlin erschossen. In den folgenden Wochen verhafteten Sicherheitsbehörden Tausende Regimegegner, bis Kriegsende kamen Hunderte von ihnen ums Leben.

Schreibmaschine von Stefan Heym
Deutschland um 1930
Leihgabe von Inge Heym

Die Emigration führte die aus Deutschland geflüchteten Menschen weltweit in rund 80 Staaten, wo ein Teil von ihnen auf ganz unterschiedliche Weise gegen die NS-Diktatur kämpfte. Künstler setzten sich mit der Situation in ihrer Heimat und mit dem Krieg in einer Vielzahl von Werken und Büchern auseinander. Schauspieler und Regisseure leisteten in Film und Theater ihren Beitrag zum Kampf gegen das NS-Regime, den viele Emigranten auch mit der Waffe in der Hand ausfochten.

Der Schriftsteller Stefan Heym nahm als Soldat der US-Armee am 6. Juni 1944 an der Landung in Frankreich und an der Befreiung seiner Heimat teil. Seine um 1930 in Berlin erworbene Schreibmaschine führte er auch bei der Landung 1944 mit sich. Heym hatte sie auf seiner Flucht nach Prag 1933 und bei seiner Emigration in die USA 1935 mitgenommen. Auf ihr schrieb er Manuskripte für Bücher und Propagandaflugblätter für die US-Armee.

Die Niederlage

Die bedingungslose Kapitulation Deutschlands war erklärtes Kriegsziel der alliierten Mächte, die ab 1943 an sämtlichen Kriegsschauplätzen die eindeutige Oberhand gewannen. Im Herbst 1944 überschritten die Alliierten im Westen und im Osten die Reichsgrenze. Adolf Hitler und seine militärischen Planer hatten für den Fall einer Niederlage keine Konzepte entwickelt. Trotz der ausweglosen Lage schickten sie noch Hunderttausende Soldaten sowie ältere Männer und Jugendliche als »Volkssturm« in militärisch sinnlose Schlachten.

In ihrem ungebrochenen Fanatismus hoffte die NS-Führung bis zuletzt auf den »Endsieg«. Sie befahl die Verteidigung unhaltbarer Stellungen bis zur sprichwörtlich letzten Patrone selbst dann noch, als die Ostfront im April 1945 bereits entlang der Außenbezirke von Berlin verlief. Als sich Rotarmisten in verlustreichen Straßengefechten bis auf wenige hundert Meter an die Reichskanzlei herangekämpft hatten, verübte Hitler am 30. April 1945 Selbstmord. Rund eine Woche später war der Zweite Weltkrieg in Europa beendet.

Im besiegten, besetzten und in weiten Teilen zerstörten Deutschland herrschten allgemeine Perspektiv- und Trostlosigkeit. Die meisten Deutschen, die nicht aus politischen, rassischen oder religiösen Gründen inhaftiert oder verfolgt worden waren, empfanden die Kapitulation vom 8. Mai jedoch nicht als Befreiung, sondern als Zusammenbruch. Vielen von ihnen wurde erst nach Kriegsende der verbrecherische Charakter und der Rassenwahn des NS-Regimes bewusst.

Bergung und Beseitigung von Leichen im zerstörten Dresden
Februar 1945
1989/2337.6

Mit alliierten Luftangriffen schlug der Krieg ab 1942 immer heftiger auf Deutschland zurück. Evakuierungen und Ausbombungen entvölkerten die Städte. Mit Flächenbombardierungen reiner Wohnviertel wollten Briten und Amerikaner die Moral der Deutschen brechen. Die gezielten Luftangriffe auf die Zivilbevölkerung steigerten jedoch eher deren Durchhaltewillen.

Trotz der Evakuierungsmaßnahmen waren die Folgen der Luftangriffe verheerend: Die Bombardierung von Hamburg im Juli 1943 forderte über 35 000 Menschenleben, Berlin erlebte im Februar 1945 die schwersten Angriffe. Im selben Monat starben bei der militärisch sinnlosen Bombardierung Dresdens über 35 000 Menschen. Zur Verhinderung von Seuchen errichteten Bergungskommandos Scheiterhaufen auf dem Dresdener Altmarkt. Dort verbrannten sie fast 7000 Leichen. Insgesamt verloren über 500 000 Deutsche ihr Leben bei alliierten Luftangriffen.

Flucht aus Danzig
Arkadi Samoilowitsch Schaichet
(Nikolajew 1898–1959 Moskau)
30. März 1945
Ph 95/208

Aus Angst vor der schnell näher rückenden Roten Armee flohen ab Oktober 1944 Millionen Deutsche zunächst aus

den östlichen Reichsgebieten nach Westen. Mit Pferdegespannen, Handwagen oder zu Fuß und nur mit wenig Gepäck versehen, fanden sich die Flüchtenden – meist Frauen, Kinder und Alte – zu langen Trecks zusammen. Bei bitterer Kälte kamen sie auf den verschneiten Landstraßen nur mühsam voran und wurden oft von Einheiten der Roten Armee überholt.

Nur wenigen Flüchtlingen gelang die Mitfahrt in überfüllten Zügen nach Westen oder die Flucht auf einem Schiff über die Ostsee. Auf einer solchen Fahrt wurde die »Wilhelm Gustloff« am 30. Januar 1945 von einem sowjetischen U-Boot torpediert, rund 9000 Menschen starben im eiskalten Wasser. Die Ostseestadt Danzig wurde von der Roten Armee am 30. März 1945 erobert und weitgehend zerstört. Wer Glück hatte, konnte mit dem Notdürftigsten aus der Stadt fliehen und entging so dem Schicksal von Vergewaltigung, Verschleppung oder Mord.

Sowjetische Soldaten hissen die Rote Fahne auf dem Reichstag
Jewgeni Chaldej
(Stalino 1917–1997 Moskau)
Berlin 2. Mai 1945
F 51/2697 (Chaldej/Voller Ernst)

Als Zeichen ihres Sieges hissten sowjetische Soldaten am 30. April 1945 die Rote Fahne auf dem Reichstag. Zwei Tage später, als die letzten Wehrmachtseinheiten in Berlin kapitulierten, stellten sie das Ereignis für die Fotografen noch einmal nach.

Hitler hatte Großadmiral Karl Dönitz zu seinem Nachfolger als Reichspräsident bestimmt. Dönitz wollte den Kampf gegen die Rote Armee fortsetzen und die deutsche Gesamtkapitulation hinauszögern, um möglichst viele Wehrmachtssoldaten und Flüchtlinge in das westliche Reichsgebiet gelangen zu lassen. Am 7. Mai 1945 aber musste Generaloberst Alfred Jodl im Alliierten Hauptquartier in Reims die bedingungslose Gesamtkapitulation unterzeichnen. Um den Beitrag der Roten Armee an der Befreiung Europas vom NS-Regime zu würdigen, wurde die Kapitulation auf Wunsch Stalins im sowjetischen Hauptquartier in Berlin-Karlshorst wiederholt. Hier unterzeichneten deutsche Militärs die Kapitulationsurkunde in der Nacht vom 8. auf den 9. Mai kurz nach Null Uhr.

Am Ende des Zweiten Weltkrieges waren weite Teile Europas zerstört. Die Bevölkerung in Ost- und Westeuropa litt unter einer schweren Lebensmittelkrise. Der Krieg hatte auch das Gefüge der Staaten nachhaltig verschoben. Die Sowjetunion war neben den USA nun Großmacht. Deutschland hatte seine Ostgebiete verloren und hing vom Wohlwollen der Siegermächte ab. Hoffnung auf schnelle Wieder-

1945 – 1994

aufnahme in die Staatengemeinschaft konnte das in vier Besatzungszonen aufgeteilte Land nicht haben.

Die Zuspitzung des Systemkonflikts zwischen den Westmächten und der Sowjetunion ebnete den Weg der drei Westzonen in das westliche Staatenbündnis, den der Ostzone in das östliche. Preis dieser Integration war die Spaltung Deutschlands.

1949 wurden zwei deutsche Staaten gegründet. Zwischen ihnen verlief eine von der DDR scharf bewachte Grenze; ihr Verhältnis prägte zunächst der Kalte Krieg. In den 70er-Jahren begann der von den Weltmächten tolerierte Entspannungsprozess.

DDR-Bürger forderten nach der KSZE-Schlussakte von 1975 die Einhaltung der Menschenrechte. Hohe Staatsverschuldung, unflexible Planwirtschaft und starre Machtstrukturen beschleunigten das Ende der DDR: 1989 demonstrierten Tausende für mehr Demokratie. Nach der Öffnung der Mauer musste das SED-Regime seine Macht abgeben. Am 3. Oktober 1990 trat die DDR der Bundesrepublik bei. Die Alliierten stimmten dem Einigungsprozess zu und Deutschland erhielt die volle Souveränität. Die Westalliierten und Russland zogen bis 1994 ihre Truppen aus Berlin und der ehemaligen DDR ab.

Deutschland unter alliierter Besatzung

Bei Kriegsende 1945 lagen auch weite Teile Deutschlands in Schutt und Asche. Die Gebiete östlich von Oder und Neiße hatte Stalin polnischer bzw. sowjetischer Verwaltung unterstellt. Aus den ehemaligen deutschen Ostgebieten und aus den zum Teil seit langer Zeit deutsch besiedelten Gebieten Polens, Ungarns, Jugoslawiens und der Tschechoslowakei strömten über zwölf Millionen Menschen als Flüchtlinge oder Vertriebene in das von den Siegermächten in vier Besatzungszonen aufgeteilte Land.

Eine gemeinsame Politik der Alliierten gegenüber Deutschland scheiterte mit dem Aufkommen des Kalten Krieges: Während Amerikaner und Briten ihre Besatzungszonen schon früh in ein westliches Staatenbündnis integrieren wollten, trieb die Sowjetunion den Umbau ihrer Zone nach sowjet-sozialistischen Leitbildern voran. Die französische Besatzungspolitik orientierte sich zunächst an eigenen nationalen Zielen.

Die Deutschen hatten nur wenig Möglichkeiten zur politischen Mitgestaltung. Der tägliche Kampf um das Überleben forderte viel Kraft und drängte die Frage nach einer Mitschuld an der NS-Herrschaft, an Krieg und Verbrechen in den Hintergrund. Getrauert wurde vor allem um die eigenen Toten.

Karte der Besatzungszonen in Deutschland und Österreich

Frankfurt (Main) um 1945
Do2 1988/219

Die Militärbefehlshaber der USA, der Sowjetunion, Großbritanniens und Frankreichs übten über Deutschland und über die in vier Sektoren geteilte Stadt Berlin gemeinsam die oberste Staatsgewalt aus. Sie bildeten den Alliierten Kontrollrat, der für alle Deutschland als Ganzes betreffenden Fragen zuständig war. Der von Stalin gezogenen deutschen Ostgrenze stimmten die Westmächte auf der Potsdamer Konferenz 1945 unter dem Vorbehalt einer endgültigen Regelung in einem Friedensvertrag zu.

Vorrangige Ziele alliierter Besatzungspolitik waren die Entnazifizierung und Entmilitarisierung, die Bestrafung von Kriegsverbrechern sowie die Vernichtung des deutschen Rüstungspotentials. Eine Verständigung über den demokratischen Neuaufbau Deutschlands scheiterte an den unterschiedlichen Vorstellungen der Alliierten. Das wachsende Misstrauen zwischen der Sowjetunion und den drei Westmächten blockierte die Arbeit des Kontrollrats immer stärker. Als die Westalliierten 1948 die Gründung eines westdeutschen Staates beschlossen, beendete die Sowjetunion ihre Mitarbeit im Alliierten Kontrollrat.

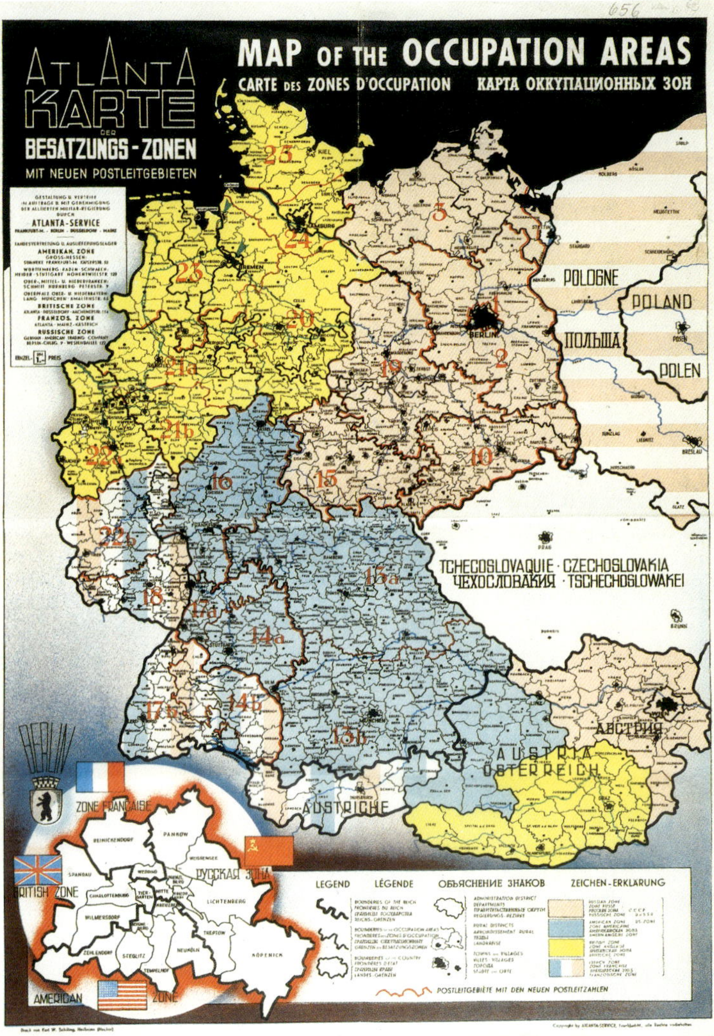

Trümmerfrau
Abbildung Seite 160
Max Lachnit
(Dresden 1900–1972 Dresden)
Deutschland 1945/1946
Gips, Mosaiksteine
Pl 96/3

Neben ständigem Mangel an Lebensmitteln und Heizmaterial zählte die Wohnungsnot in allen Besatzungszonen zu den gravierendsten Problemen der Nachkriegsjahre. In vielen Städten waren über 50 Prozent der Wohnungen zerstört oder beschädigt. An der Trümmerbeseitigung hatten Frauen den größten Anteil. Sie schufen mit ihrer Arbeit die Grundlage für den Wiederaufbau.

Provisorische Barackenlager und »Nissenhütten« sollten die Wohnungsnot lindern. In diesen Notunterkünften

waren die hygienischen Verhältnisse katastrophal. Krankheiten breiteten sich unter den geschwächten Menschen schnell aus. Um an Heizmaterial zu kommen, wurden Straßenbäume und ganze Stadtwälder abgeholzt.

Zur Verbesserung der Versorgungslage mussten auch die zerstörten Verkehrsanlagen wieder hergerichtet werden. Leitungen für Strom, Wasser und Gas waren vielerorts zerstört und konnten in Ermangelung von Fachkräften und Ersatzteilen oft nur provisorisch repariert werden. Erschwert wurde der Wiederaufbau durch die anfangs von allen vier Siegermächten betriebene Demontagepolitik.

Suchschild: Achtung! Schlesier!
Walter Kameko
Leipzig, um 1945
DG 65/797.2

Der Krieg, aber auch Flucht und Vertreibung hatten unzählige Familien auseinander gerissen. Viele der deutschen Kriegsgefangenen stammten aus den ehemaligen Ostgebieten und waren nach ihrer Entlassung ebenfalls auf der Suche nach ihren Familien. Mit selbstgefertigten Schildern wurden vor allem in den Städten Angehörige gesucht.

Anfang 1948 lebten in der Sowjetischen Besatzungszone rund 4,8 Millionen Flüchtlinge und »Umsiedler«, in der Britischen Zone ca. 3,3 Millionen, in der Amerikanischen Zone etwa 3 Millionen und in der Französischen Zone wegen der bis dahin restriktiven Aufnahmepolitik rund 60 000. Auf den anhaltenden Zustrom von Flüchtlingen und Vertriebenen reagierte die einheimische Bevölkerung zum Teil mit schroffer Ablehnung.

Bei Kriegsende befanden sich auf dem Gebiet des Deutschen Reiches mehrere Millionen Displaced Persons (DPs): ehemalige Fremdarbeiter, Zwangsarbeiter, Kriegsgefangene und KZ-Häftlinge sowie rund 200 000 jüdische Überlebende des Holocaust. Während die

Repatriierung der DPs in westliche Länder relativ reibungslos verlief, wollten viele der aus Osteuropa stammenden DPs nicht in ihre zerstörte Heimat zurück, sondern vor allem in die USA oder nach Palästina.

Blick auf die Anklagebank im Nürnberger Prozess
Jewgeni Chaldej
(Stalino 1917–1997 Moskau)
Nürnberg 1945
F79/121 (Chaldej/Voller Ernst)

Noch während des Krieges hatten die Alliierten eine harte Bestrafung für die deutschen Kriegsverbrechen angekün-

digt. Gegen 22 Hauptangeklagte eröffnete der Internationale Militärgerichtshof im November 1945 den Prozess. Die Enthüllung von Kriegsverbrechen und Einzelheiten des Völkermords lösten weltweit Entsetzen aus. Dem Hauptkriegsverbrecher-Prozess folgten weitere Prozesse gegen Mitglieder der NS-Funktionseliten.

Im Zuge der Entnazifizierung wurden in den drei Westzonen etwa sechs Millionen Personen überprüft. Nur ein Bruchteil von ihnen wurde als »hauptschuldig«, »schuldig« oder »belastet« eingestuft und entsprechend bestraft. Mit dem aufziehenden Ost-West-Konflikt kam die Entnazifierung im Westen faktisch zum Erliegen.

In der Sowjetischen Zone wurden Hunderttausende als »Nazis« aus ihren Berufen entlassen. Rund 127 000 Personen wurden in sowjetischen Speziallagern interniert; viele von ihnen waren Opfer stalinistischer Säuberungspolitik.

Fahne vom Vereinigungsparteitag von KPD und SPD

Berlin 1946
Seide
Fa 60/1

Die Sowjetische Militäradministration (SMAD) ließ am 10. Juni 1945 die Gründung antifaschistisch-demokratischer Parteien und Gewerkschaften in ihrer Zone zu. Amerikaner und Briten folgten diesem Schritt im Spätsommer 1945, die Franzosen gegen Jahresende.

In der sowjetischen Zone vereinigten sich KPD und SPD am 22. April 1946 zur Sozialistischen Einheitspartei Deutschlands (SED). Die SED war marxistisch orientiert, hatte einen ausgeprägten Herrschaftsanspruch und lag auf Linie mit der in Moskau beschlossenen Politik.

Während die SED formelhaft die nationale Gemeinsamkeit aller Besatzungszonen herausstellte, tendierte insbesondere die Christlich Demokratische Union (CDU) in den Westzonen immer stärker zu einer »Westbindung«, die von der SPD aus Angst vor einer Vertiefung der deutschen Spaltung zunächst abgelehnt wurde. Mit dem schnell wachsenden Konflikt zwischen den Westmächten und der Sowjetunion vertiefte sich der Graben zwischen den drei Westzonen und der Ostzone.

Werbeplakat für den Marshall-Plan
Reyn Dirksen
Rotterdam 1950
P 94/3218

Als der amerikanische Präsident Harry S. Truman 1947 eine Eindämmung der kommunistischen Expansion forderte, verschärfte das den Konflikt beider Großmächte. Wenig später offerierte der amerikanische Außenminister George C. Marshall den europäischen Staaten angesichts ihrer gravierenden Wirtschaftsprobleme eine umfassende Finanz- und Wirtschaftshilfe. Sowjetischer Druck hinderte die osteuropäischen Länder an der Teilnahme am Marshall-Plan.

Mit der Einbeziehung Westdeutschlands in den Marshall-Plan waren auch die Weichen für ein wirtschaftsliberales System gestellt. Die Währungsreform der Westzonen im Juni 1948 war zugleich eine wirtschaftspolitische Trennung von der Ostzone. Auf die daraufhin einsetzende sowjetische Blockade West-Berlins reagierten die Westmächte mit der Errichtung einer »Luftbrücke«, an deren Ende im Mai 1949 aus den westlichen Besatzungsmächten befreundete Schutzmächte geworden waren.

Die Bundesrepublik Deutschland

Das Grundgesetz konstituierte 1949 eine neue politische Ordnung, die Teilung Deutschlands war vollzogen. Die von der Regierung Konrad Adenauers angestrebte Einbindung ins westliche Bündnis garantierte politische Stabilität. Bis 1955 entließen die Alliierten die Bundesrepublik weitgehend in die Selbstständigkeit. Die von Ludwig Erhard konzipierte soziale Marktwirtschaft bildete die Grundlage für das Wirtschaftswunder.

Seit 1966 regierte eine Große Koalition aus Christlich-Demokratischer bzw. Christlich-Sozialer Union (CDU/CSU) und Sozialdemokratischer Partei Deutschlands (SPD). Die Freie Demokratische Partei (FDP) bildete eine unbedeutende parlamentarische Opposition. Eine aktive Investitions- und Konjunkturpolitik half, die Rezession zu überwinden.

Bundeskanzler Willy Brandt (SPD) versprach 1969 »Wir wollen mehr Demokratie wagen«. Die sozialliberale Regierung setzte Reformen um und verfolgte unter dem Motto »Wandel durch Annäherung« eine neue Deutschland- und Ostpolitik. Ost-West-Verträge milderten die Auswirkungen der deutschen Teilung.

SPD-Kanzler Helmut Schmidt profilierte sich von 1974 an durch seine Wirtschaftspolitik: Er versuchte die internationale Wettbewerbsfähigkeit zu stärken und den sozialen Konsens zu fördern. Mit einem Misstrauensvotum stürzte ihn der Bundestag 1982. Der CDU-Politiker Helmut Kohl übernahm als Bundeskanzler die Regierung. Angesichts von Staatsschulden und hoher Arbeitslosigkeit versprach er »eine politische, wirtschaftliche, gesellschaftliche, ja moralische Wende«.

Der Plenarsaal im Bundeshaus
Abbildung Seite 164
Bonn 14. November 1953
Fotografie
PK 99/430

Bei der Wahl der Staatssymbolik, des Bundeswappens wie der Bundesfarben, knüpfte die junge Republik an demokratische Traditionen der Weimarer Republik und die Überlieferungen von 1848 an. Die dritte Strophe des »Deutschlandliedes« wurde 1952 zur Nationalhymne.

Als Bundeshauptstadt hatte sich Bonn gegen Frankfurt am Main und Kassel durchgesetzt. Allerdings verfügte die Stadt kaum über funktionsfähige Regierungs- und Verwaltungsgebäude. Die Pädagogische Akademie wurde nach Umbauten durch Hans Schwippert zum Sitz des Bundestages. Der Bundesadler nach dem Entwurf des Bildhauers Ludwig Gies ersetzte seit 1953 im Plenarsaal die Wappen der Bundesländer.

14 Parteien sowie unabhängige Kandidaten traten zu der ersten Bundestagswahl am 14. August 1949 an. CDU und CSU wurden Sieger mit zusammen 31,0 Prozent der Stimmen, die SPD errang 29,2 Prozent. Drittstärkste Kraft wurde die FDP mit 11,9 Prozent, die Kommunistische Partei Deutschlands (KPD) kam auf 5,7 Prozent.

In den 50er-Jahren wollte die Mehrheit der Wähler keinen Wechsel von Bundesregierung und Opposition. Aber die föderale Struktur ermöglichte eine andere politische Gewichtung durch Landtagswahlen: 1955 war die SPD in

fünf von neun Bundesländern an der Landesregierung beteiligt. Diese parteipolitischen Verhältnisse konnten bei Abstimmungen im Bundesrat die Bundespolitik beeinflussen.

Automobil »Volkswagen Exportmodell Typ 10/11 C«
Ferdinand Porsche (Maffersdorf 1875–1951 Stuttgart)
Volkswagenwerk
Wolfsburg 1951
Stahl, Kunststoff, Gummi, Glas
AK 94/411.1

Nach der Währungsreform 1948 stiegen die Arbeitslosenzahlen und es gab Streiks gegen niedrige Löhne. Erst der Koreakrieg bescherte der bundesdeutschen Wirtschaft ab 1950 eine verstärkte Nachfrage nach Exportgütern. Sinkende

Arbeitslosigkeit und steigendes Lohnniveau führten zu rasch wachsender Kaufkraft. Das Konzept der sozialen Marktwirtschaft zielte auf den sozialen Ausgleich zwischen Arbeitern und Angestellten. Dazu dienten sozialpolitische Maßnahmen wie Fürsorgeleistungen, Renten- und Lastenausgleichszahlungen oder Wohngeldzuschüsse. Der wachsende Wohlstand wurde zu einem Grundkonsens und erfasste alle gesellschaftlichen Schichten.

Die Lebensmittelrationierungen konnten 1950 aufgehoben werden. Die Bundesbürger gaben ihr Geld zunächst für Nahrungsmittel, Wohnung und Kleidung aus. Erst Ende des Jahrzehnts leisteten sie sich begehrte Konsumartikel für Haushalt und Freizeit. Das eigene Auto wurde zum Statussymbol: 1955 waren schon eine Million Käfer produziert worden. Der Erfolg des VW-Unternehmens spiegelte das wachsende Mobilitätsbedürfnis und das steigende Einkommen der Käufer. Das Exportmodell gab es 1951 für 5400 DM auch im Inland zu kaufen, der »Standard« kostete 4600 DM. Das war mehr als das durchschnittliche Jahreseinkommen eines Industriefacharbeiters von knapp 4000 DM.

Plakat zur »North Atlantic Treaty Organisation« (NATO)

Presse- und Informationsamt der Bundesregierung
Hannover um 1956
Offset
1990/276

1945 hatten die Siegermächte die Entmilitarisierung Deutschlands durchgesetzt. Die »Wiederbelebung oder Neuorganisation des deutschen Milita-

rismus und Nazismus« sollte dauerhaft verhindert werden. Nach den Erfahrungen mit Nationalsozialismus und Krieg begrüßten die meisten Deutschen diese Entscheidung. Bundeskanzler Konrad Adenauer dagegen betrachtete vor dem Hintergrund des Kalten Krieges die Wiederbewaffnung als unabdingbar für einen souveränen Staat. Mit dem Beitritt zum westlichen Militärbündnis NATO 1955 wurde die Republik gleichrangiges Mitglied der westlichen Staatengemeinschaft, 1956 folgte die Gründung der Bundeswehr.

Den Prozess der Wiederbewaffnung begleiteten Proteste. 1952 demonstrierten bundesweit Hunderttausende gegen den Vertrag über die Europäische Verteidigungsgemeinschaft und die Politik der Bundesregierung. SPD, KPD und Gewerkschaften lehnten die Wiederbewaffnung ab, weil sie den Verzicht auf die Wiedervereinigung bedeutete. Der Widerstand gegen den NATO-Beitritt wurde von der »Paulskirchen-Bewegung« angeführt. SPD, Gesamtdeutsche Volkspartei, Gewerkschaften und Teile der Kirchen standen an ihrer Spitze. Rund 150 000 Menschen nahmen an diesen Demonstrationen teil.

Stilleben für die Große Koalition

Abbildung Seite 166
Sarah Haffner (geb. Cambrigde 1940)
Berlin Januar 1967
Öl, Leinwand
Gm 2000/15
Schenkung: Dr. Wilfried Wieck, Berlin

In den 60er-Jahren forderte die Jugend Auseinandersetzungen über die NS-Vergangenheit und die aktuelle Regierungspolitik. Vor allem Studenten bildeten die »Außerparlamentarische Opposition« (APO). Mit neuen Protestformen verunsicherten sie große Teile der Gesellschaft, beeinflussten sie aber auch langfristig.

Das Gemälde hing 1967–1969 im »Republikanischen Club« in Berlin-Charlottenburg. Er war Treffpunkt der APO, hier diskutierten Studenten, Professoren, Schriftsteller und »linke Leute« politische Fragen und bereiteten Aktionen vor. Die Bildberichterstattung über Podiumsdiskussionen und Pressekonferenzen machte das Bild zur Ikone.

»Das Hakenkreuz, das den Hintergrund bildet, symbolisiert sowohl den tatsächlichen ›Hintergrund‹, die noch nicht lange zurückliegende Vergangenheit, als auch die drohende Gefahr, die

ich in der gerade gebildeten großen Koalition und damit im Fehlen einer ausreichenden Opposition sah«, erzählt die Malerin rückblickend. »Das Bild weist auf die Monopolstellung der Springer-Presse in West-Berlin, auf die Hetze der ›Deutschen Nationalzeitung‹ gegen Willy Brandt und die Popularität der kriegsverherrlichenden ›Landserhefte‹ hin. Die realitätsgetreu gemalten Zeitungen sind innerhalb einer Woche im Dezember 1966 erschienen.«

Modell der Schule Hegelsberg in Kassel

(nicht realisierter Wettbewerbsentwurf)
Braun und Säckl Planungsgesellschaft mbH
Vellmar um 1977
Pressspan, Presspappe, Naturfaser
AK 99/852

Bereits Mitte der 60er-Jahre hatte sich »die deutsche Bildungskatastrophe« abgezeichnet. Im internationalen Vergleich bildete die Bundesrepublik das Schlusslicht: zu wenige Abiturienten,

zu wenige Lehrer, zu wenige Studierende, zu geringe finanzielle Aufwendungen für Bildungseinrichtungen durch die Länder.

Bundesregierung und sozialdemokratisch regierte Länder leiteten seit Anfang der 70er-Jahre umfassende Maßnahmen ein: Neue Schultypen wurden geschaffen, Fernstudiengänge entwickelt und neue Hochschulen gegründet. Der breite Zugang zu Wissen und Bildung wurde finanziell gefördert. Die neuen Bildungsziele waren oft gesellschaftskritisch ausgerichtet. Da Bildungspolitik Ländersache war, konnte der Bundestag nur Reformimpulse geben. Für gesetzgebende Maßnahmen gab es keine Bundesratsmehrheit. Konservative Kräfte befürchteten die Auflösung traditioneller Werte. Eine heftige Diskussion entbrannte besonders um Bildungsinhalte und Gesamtschule. Sie weichte das traditionelle dreigliedrige Schulsystem auf. Hauptziel gemeinsamen Lernens waren Chancengleichheit und die Durchbrechung sozialer Schranken. Doch viele Eltern aus traditionellen Bildungsmilieus befürchteten, dass ihre Kinder nicht ausreichend gebildet würden.

Buttons der Demonstrationen gegen den NATO-Doppelbeschluss
Bundesrepublik Deutschland 1981–1983
Eisenblech, Papier, Polyethylen
A 92/2, A 90/1267, 1990/2528

Als politische Kraft hatten sich Bürgerbewegungen profiliert. Die meist gewaltfrei Protestierenden fühlten sich parlamentarisch nur unzureichend vertreten und leiteten daraus das Recht auf zivilen Ungehorsam ab. Sie störten den Rechtsfrieden. Der Staat setzte verstärkt Polizei und Justiz ein und beschränkte damit die bürgerlichen Freiheitsrechte. Die geplante Stationierung amerikanischer Raketen in Westdeutschland trug zur Entstehung der deutschen Friedensbewegung bei. Sie rief zu einer Demonstration gegen den NATO-Doppelbeschluss am 10. Oktober 1981 in Bonn auf. Mehr als 300 000 Menschen kamen zu dieser bis dahin größten Demonstration in der Geschichte der Bundesrepublik. Auch die lokale Bevölkerung trug den Protest gegen die Nachrüstung, zum Beispiel mit Sitzblockaden am amerikanischen Raketenstützpunkt in Mutlangen. Trotz andauernder Proteste stimmte der Bundestag 1983 der Stationierung zu. Vor allem in Wyhl, Gorleben oder Wackersdorf kam es zu Protesten gegen den Ausbau der Kernenergie. Demonstranten besetzten Bau- oder Bohrplätze und errichteten Hüttendörfer wie die »Republik Freies Wendland«. Solche Republiken in der Republik wurden nicht geduldet: 1980 räumten in Gorleben 10 000 Polizisten das Dorf mit 3000 Atomkraftgegnern.

Die Deutsche Demokratische Republik

Die DDR kopierte weitgehend das stalinistische Herrschaftsmodell der Sowjetunion. Verstaatlichung und Planwirtschaft bildeten die Grundlage für den Aufbau des Sozialismus. Die SED übernahm die führende Rolle im Staat. Die Bevölkerung nahm die Diktatur nicht ohne Widerspruch hin: 2,7 Millionen Menschen flohen bis zum Mauerbau in den Westen. Das Ministerium für Staatssicherheit war für die Herrschaftssicherung zuständig und verfolgte Regimekritiker. Die Unzufriedenheit entlud sich im Aufstand des 17. Juni 1953.

Der Mauerbau 1961 stabilisierte anfangs den SED-Staat. Mit Reformen versuchte Walter Ulbricht, den Westen wirtschaftlich zu überflügeln. Die DDR wurde zweitstärkste Industriemacht im Ostblock, das angestrebte »Weltniveau« erreichte sie aber nie.

1971 trat Erich Honecker an die Spitze der Partei. Durch die »Einheit von Wirtschafts- und Sozialpolitik« wollte er den Lebensstandard heben. International erreichte die DDR die Aufnahme in die UNO, gleichzeitig mit der Bundesrepublik. 1975 unterzeichnete die DDR-Führung die Schlussakte der Konferenz über Sicherheit und Zusammenarbeit in Europa.

Die Versorgung mit Konsumgütern verschlechterte sich in den 80er-Jahren. Die DDR produzierte wesentlich für den Export, um die Verschuldung im westlichen Ausland abzubauen. Zu Beginn des Jahrzehnts hatten sich Friedens- und Umweltgruppen, oft unter dem Dach der Kirche, gebildet. Mutig begegneten sie der eingeschränkten Meinungsfreiheit und politischen Gängelung.

Die Gründung der Deutschen Demokratischen Republik
Franz Edwin Gehrig-Targis
(Berlin 1896–1968 Berlin/West)
Deutsche Demokratische Republik 1949
Öl, Leinwand
Kg 69/8

Nach der Gründung der Bundesrepublik holte sich die SED-Spitze Stalins Zustimmung zur DDR-Staatsgründung. Am 7. Oktober 1949 vollzog die »Provisorische Volkskammer« mit der Annahme der Verfassung den Übergang von der Sowjetischen Besatzungszone zur DDR.

Zum Präsidenten wählten Volks- und Länderkammer Wilhelm Pieck. Das Gemälde zeigt vermutlich die offizielle Kundgebung in Berlin am Abend des 11. Oktober 1949, dem Tag seiner Wahl. Ministerpräsident war Otto Grotewohl. Zum starken Mann entwickelte sich dessen Stellvertreter Walter Ulbricht, der Generalsekretär der SED.

Die Wahlen basierten auf einer Einheitsliste mit vorher festgelegter Sitzverteilung. Die »Blockparteien« – CDU der DDR, Demokratische Bauernpartei Deutschlands, Liberal-Demokratische Partei Deutschlands und National-Demokratische Partei Deutschlands waren in der Regierung vertreten. Eine Opposition gab es nicht.

Die Verfassung der DDR wurde weitgehend nach dem Weimarer Vorbild konzipiert. Faktisch war sie bedeutungslos: Recht und Verfassung galten nach totalitärer SED-Doktrin nur als Instrument im Klassenkampf.

Die Eingliederung der DDR in den Ostblock vollzog sich schrittweise: 1950

trat sie dem »Rat für gegenseitige Wirtschaftshilfe« (RGW) bei, 1955 dem Warschauer Pakt. Im gleichen Jahr proklamierte die Sowjetunion die Souveränität der DDR. Sie blieb jedoch wie bisher von Moskau abhängig.

Plakat zum Nationalen Aufbauprogramm
Berlin 1952
Offset
P 94/217

Das 1952 gestartete Nationale Aufbauprogramm Berlin diente dem Wiederaufbau der zerstörten Bezirke Ost-Berlins. Rund 45 000 freiwillige Aufbauhelfer räumten die Trümmer in Friedrichshain in dem für den Wohnungsbau vorgesehenen Gebiet. Dort entstand das Vorzeigeprojekt Stalinallee: der »Grundstein zum Aufbau des Sozialismus in der Hauptstadt Deutschlands«, so Walter Ulbricht. Die Architekten entwarfen ihre Bauten unter der Losung »National in der Form – sozialistisch im Inhalt«. In der Stalinallee entstand Wohnraum für rund 10 000 Berliner. Arbeiter und Aufbauhelfer errichteten die »Paläste für Arbeiter« in handwerklich-traditioneller Bauweise.

Das Bauprojekt stand unter hohem Erfolgsdruck. Die generelle zehnprozentige Normenerhöhung löste bei den Bauarbeitern der Stalinallee schließlich den Aufstand am 17. Juni 1953 aus:
In mehr als 700 Städten und Gemeinden kam es zu Warnstreiks und Protestzügen. In und um Berlin forderten Demonstranten den Rücktritt der

Regierung und freie Wahlen in ganz Deutschland. Soldaten der sowjetischen Besatzungsmacht schlugen die Unruhen, Streiks und Demonstrationen überall in der DDR nieder. 55 Tote, fast 10 000 Verhaftungen und 1526 Verurteilungen waren die Bilanz der Aufstände des 17. Juni 1953.

Plakat zur Gründung des Warschauer Vertrages

Deutsche Demokratische Republik 1955
Lithografie
P 94/1313

1955 unterzeichneten Albanien, Bulgarien, die DDR, Polen, Rumänien, die Sowjetunion, die Tschechoslowakei und Ungarn in Warschau den »Vertrag über Freundschaft, Zusammenarbeit und gegenseitigen Beistand«. Mit dem Militärbündnis reagierte der Ostblock auf die Pariser Verträge und die NATO-Mitgliedschaft der Bundesrepublik. Die DDR, schon seit 1950 Mitglied im »Rat für gegenseitige Wirtschaftshilfe«, war somit auch militärisch in den Ostblock eingegliedert.

Der schrittweise Aufbau nationaler Streitkräfte unter dem Dach der Deutschen Volkspolizei hatte 1948 begonnen. Die 1952 auf sowjetische Vorgabe hin gegründete Kasernierte Volkspolizei war eine Polizeitruppe, nach Inhalt, Struktur und Aufbau jedoch eine Armee. Diese wurde im Januar 1956 nach der Gründung der Nationalen Volksarmee in die Streitkräfte integriert.

Ebenfalls 1955 schlossen die Sowjetunion und die DDR einen Staatvertrag ab. Er legte fest, dass die Beziehungen beider Staaten »auf völliger Gleichberechtigung, gegenseitiger Achtung der Souveränität und der Nichteinmischung in die inneren Angelegenheiten« beruhen. Er setzte alle Beschlüsse des Kontrollrats von 1945 bis 1948 außer Kraft. Sowjetische Truppen blieben weiterhin in der DDR stationiert.

Propaganda-Brief eines DDR-Bürgers zur Niederschlagung des Prager Frühlings

Falkensee 31. Oktober 1968
Do2 1990/5010

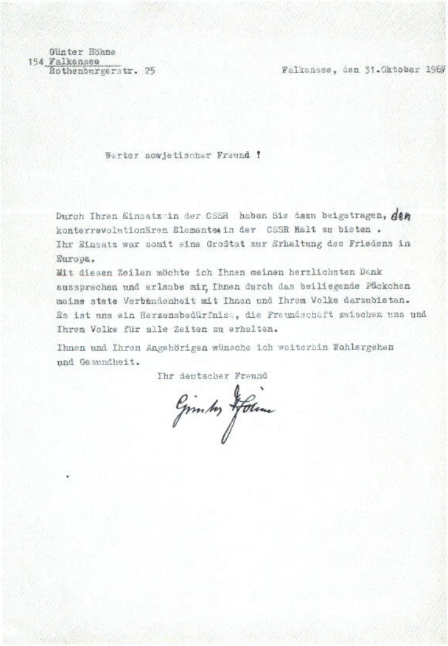

Günter Höhne
154 Falkensee
Rothenburgerstr. 25

Falkensee, den 31.Oktober 1968

Werter sowjetischer Freund !

Durch Ihren Einsatz in der CSSR haben Sie dazu beigetragen, den konterrevolutionären Elementen in der CSSR Halt zu bieten .
Ihr Einsatz war somit eine Großtat zur Erhaltung des Friedens in Europa.
Mit diesen Zeilen möchte ich Ihnen meinen herzlichsten Dank aussprechen und erlaube mir, Ihnen durch das beiliegende Päckchen meine stete Verbundenheit mit Ihnen und Ihrem Volke darzubieten.
Es ist uns ein Herzensbedürfnis, die Freundschaft zwischen uns und Ihrem Volke für alle Zeiten zu erhalten.

Ihnen und Ihren Angehörigen wünsche ich weiterhin Wohlergehen und Gesundheit.

Ihr deutscher Freund

Günter Höhne

Unter dem Reformkommunisten Alexander Dubček gab es seit Januar 1968 umfassende Reformen in Politik und Wirtschaft der Tschechoslowakei: Der Prager Frühling begann. Walter Ulbricht forderte bereits im Mai eine militärische Intervention. Er befürchtete, der Freiheits- und Reformwille könne auf die DDR übergreifen.

Trotz Warnungen der »Bruderländer« wollte Dubček seinen Reformkurs fortsetzen. Ein angeblicher Hilferuf moskautreuer Parteifunktionäre diente dem Warschauer Pakt als Vorwand zum militärischen Eingreifen. Im August 1968 beendeten Truppen des Warschauer Paktes den Versuch, einen »Sozialismus mit menschlichem Antlitz« aufzubauen. Die Staatsführung wurde festgenommen und nach Moskau gebracht. Dort musste sie die Rücknahme der Reformen zusichern.

In der DDR wurden Proteste gegen das gewaltsame Ende des Reformprozesses rigoros im Keim erstickt: Die Staatssicherheit hatte besondere Befugnisse zur »Bekämpfung der Feinde« erhalten. Bis November 1968 registrierte sie rund 2000 »feindliche Handlungen«. Gerade bei jüngeren DDR-Bürgern war der Prager Frühling ein Hoffnungssymbol für die Vereinbarkeit von Freiheit und Sozialismus gewesen.

Automobil »Trabant P 50/2«
VEB Sachsenring,
Automobilwerke Zwickau 1962
Kunststoff, Metall, Stahl, Holz, Leder, Glas
HI 90/14

Andauernde Wirtschaftsprobleme versuchte Walter Ulbricht mit dem »Neuen Ökonomischen System der Planung und Leitung« zu bewältigen. Diese neue Strategie sollte die Pläne flexibler machen und die Eigenverantwortung der Betriebe stärken. Obwohl die Arbeitsproduktivität wuchs und der Lebensstandard stieg, kehrte die SED-Spitze am Ende des Jahrzehnts zum zentralistisch-hierarchischen Führungsprinzip zurück.

Das Warenangebot vergrößerte sich durch neue Konsumgüter. Um Frauen dauerhaft für den Produktionsprozess zu gewinnen, sollten elektrische Helfer die Hausarbeit erleichtern. 1966 besaßen 80 Prozent der Haushalte Staubsauger und Bügeleisen. 1969 hatten 48 Prozent eine Waschmaschine. Elektrische Kühlschränke dagegen gehörten noch zu den Luxusgütern: Ihre Anschaffung erforderte zwei Monatsgehälter. Sämtliche Verkaufspreise legte der Staat fest.

Selbst mit ausreichender Kaufkraft konnten die Konsumenten ihre materiellen Bedürfnisse kaum befriedigen. Viele Elektrogeräte entsprachen in Qualität und Design nicht dem am Westen orientierten Käufergeschmack. Auf hochwertige DDR-Produkte mussten die Kunden oft monatelang, auf die Auslieferung eines »Trabants« sogar rund sechs Jahre warten. 1962 kosteten die Wagen zwischen 7400 und 9500 Mark. Damit entsprach der niedrigste Kaufpreis dem durchschnittlichen Jahreseinkommen eines Industriefacharbeiters.

Modell eines Wohnblocks der Serie WBS 70
Deutsche Demokratische Republik
um 1970
Kunststoff, Holz, Pappe
HI 75/13

1973 beschloss die SED ein umfangreiches Wohnungsbauprogramm. Erich Honecker versprach, »die Wohnungsfrage als soziales Problem« bis 1990 zu lösen. Die DDR investierte bis 1989 rund 200 Milliarden Mark. Damit baute sie Wohnungen und Gemeinschaftseinrichtungen und modernisierte in geringem Umfang Altbauten. Um das Planziel zu erreichen, mussten Kosten gespart und Arbeitsabläufe rationalisiert werden. Die Bauakademie entwickelte das Bausystem »WBS 70«. Die vorgefertigten Teile konnten vor Ort zusammengesetzt werden. In dieser industriellen Plattenbauweise entstanden Stadtviertel und Großsiedlungen.

Die mit Bädern, Zentralheizung und Müllschluckern ausgestatteten Wohnungen waren begehrt. Vorrangig Familien, verdiente Arbeiter und Arbeitskräfte nahe gelegener Industriebetriebe erhielten den neuen Wohnraum. Jahrelange Wartezeiten wurden in Kauf genommen. Laut Wohnungsbauprogramm sollten bis 1989 2,8 Millionen Wohnungen neu gebaut oder saniert werden, tatsächlich betrug ihre Zahl nur 1,7 Millionen.

Piktogramme »Kinderkrippe« und »Kindergarten«
VEB Schilderwerk Beutha
1982
Stahl, bedruckt, emailliert
MK 83/37, MK 83/38

In der DDR galt die Gleichberechtigung offiziell als verwirklicht. Den Beweis sah die SED-Führung in guter Berufsausbildung, wirtschaftlicher Unabhängigkeit und der Teilnahme am Erwerbsleben der meisten Frauen. Mit 91,3 Prozent im Jahr 1988 erreichte die DDR die weltweit höchste Beschäftigungsquote von Frauen.

Zunächst hatte der Arbeitskräftemangel dazu geführt, die Erwerbstätigkeit und die Ausbildung der Frauen zu fördern. Häufig arbeiteten sie in klassischen Männerberufen, wurden jedoch oft

unter ihren Qualifikationen eingesetzt. Im Durchschnitt verdienten sie 25 bis 30 Prozent weniger als Männer. In der DDR-Führungselite waren sie deutlich unterrepräsentiert.

Frauenarbeit wurde durch umfassende Kinderbetreuung ermöglicht. Diese »Muttipolitik« und finanzielle Anreize sollten zu Ehe und Familie ermutigen. Doch mit »Wunschkindpille« und legalem Schwangerschaftsabbruch machten Frauen ihre eigene Lebensplanung, der propagierten »3-Kind-Familie« zum Trotz. Zu Hause bestand die traditionelle Rollenverteilung weiterhin: Frauen waren durch Arbeit und Haushalt doppelt belastet. Die Scheidungsrate lag 1985 bei fast 39 Prozent.

Deutsch-deutsche Beziehungen

Seit 1949 existierten zwei deutsche Staaten. Sie waren durch eine von der DDR scharf bewachte Grenze getrennt. Ihr Verhältnis bestimmte der Kalte Krieg der Großmächte und ihrer Ideologien. Beide deutsche Staaten wollten die Wiedervereinigung, doch nur zu den eigenen Bedingungen. Verhandlungen zwischen den Siegermächten über gesamtdeutsche Wahlen, Friedensvertrag und politische Neutralität scheiterten: Die deutsche Frage blieb ungelöst.

Mit dem deutschlandpolitischen Konzept »Wandel durch Annäherung« handelten die SPD-Politiker Willy Brandt und Egon Bahr 1970 mit Moskau und Warschau Verträge aus, die Gewaltverzicht und Anerkennung der jeweiligen Grenzen festschrieben. Mit dem Besuch Brandts in Erfurt 1970 fanden erstmals deutsch-deutsche Gespräche auf höchster Regierungsebene statt. Im Grundlagenvertrag von 1972 regelten die beiden Staaten ihr Verhältnis zueinander.

Bundeskanzler Helmut Kohl setzte die Entspannungspolitik der sozialliberalen Regierungen fort. Die ihn tragende CDU/FDP-Koalition betonte das Recht der Deutschen auf Wiedervereinigung. Sie forderte die DDR zur Einhaltung der Menschenrechte auf. Beide Staaten stellten die Politik der friedlichen Koexistenz und Kooperation jedoch nicht in Frage. 1987 wurde Erich Honecker in Bonn mit allen protokollarischen Ehren empfangen.

Schild gegen die Teilung Deutschlands

Kuratorium Unteilbares Deutschland
Bundesrepublik Deutschland nach 1957
Eisenblech
1989/639

Die Grenze zwischen der Bundesrepublik und der DDR verlief zwischen Lübeck und Hof auf einer Länge von 1378 Kilometern. Seit Mai 1952 wurde sie von der DDR immer undurchdringlicher gemacht. Die Regierung ließ tödliche Tretminen und Selbstschussanlagen installieren und Bewohner des Grenzgebietes zwangsweise umsiedeln. Brutal durchschnitt die Grenze Dörfer und Nachbarschaften. Sie unterbrach 32 Eisenbahnlinien, 31 Fern- und 140 Landstraßen.

Unerlaubtes Betreten und Verlassen der DDR waren strafbar. Trotzdem flohen bis 1961 rund 2,7 Millionen Bürgerinnen und Bürger in die Bundesrepublik. Bis Ende 1989 starben 408 Menschen an der Grenze, die meisten durch Schüsse von Grenzsoldaten. Das Schild zeigt Deutschland in den Grenzen von 1937. Das »Kuratorium Unteilbares Deutschland« forderte die Wiedervereinigung unter Einbeziehung der ehemaligen deutschen Ostgebiete. Solche Schilder hingen in vielen westdeutschen Städten.

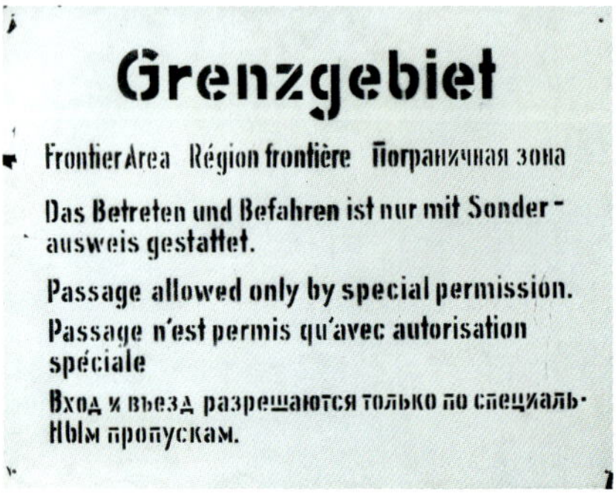

Schild »Grenzgebiet«
Deutsche Demokratische Republik
1961/1963
Kunststoff, Holz, Presspappe
MK 86/84

Die Entscheidung, die Grenze zwischen Ost- und West-Berlin zu schließen, fiel im Juli 1961 in Moskau. Walter Ulbricht drängte Nikita Chruschtschow zu Maßnahmen, um den stetig anschwellenden Flüchtlingsstrom zu stoppen: Seit 1949 waren 2,7 Millionen Menschen aus der DDR geflohen, viele über die offene Sektorengrenze in Berlin.

Am frühen Morgen des 13. August 1961, einem Sonntag, begannen bewaffnete Einheiten, die Grenze des sowjetischen Sektors mit Stacheldraht und Barrikaden abzuriegeln. Der ohnehin beschränkte Reiseverkehr von Ost- nach West-Berlin wurde eingestellt, die Verkehrswege unterbrochen. West-Berlin war abgeriegelt, Familien wurden getrennt. Bis 1989 starben 254 Menschen bei dem Versuch, die Mauer zu überwinden.

Die Führung der SED propagierte die Mauer als »antifaschistischen Schutzwall«. Kritiker des Mauerbaus wurden streng verfolgt. Bis Dezember 1961 rollte in der DDR die größte Verhaftungswelle seit dem 17. Juni 1953.

Broschüre gegen den Bau der Berliner Mauer
Bundesministerium für gesamtdeutsche Fragen
Bonn September 1961
Do2 96/3625

Innerhalb Berlins konnte man die Sektorengrenze zwischen West und Ost ungehindert passieren. Mit dem Bau der Mauer am 13. August 1961 beendete die DDR diesen Zustand.

Die empörten Berliner mussten tatenlos zusehen, wie der Mauerbau Verwandte und Freunde trennte. Der Regierende Bürgermeister Willy Brandt unterbrach sofort seine Wahlkampfreise und stand den Bürgern West-Berlins bei. Bundeskanzler Konrad Adenauer empfahl, »in Festigkeit, aber auch in

Ruhe der Herausforderung des Ostens zu begegnen und nichts zu unternehmen, was die Lage nur erschweren, aber nicht erleichtern kann.« Er besuchte die geteilte Stadt erst am 22. August. Das nahmen ihm nicht nur die Berliner übel.

Die Westalliierten griffen nicht ein. Da der völkerrechtliche Status von West-Berlin nicht berührt war, beschränkten sie sich auf die Entsendung eines US-Militärkonvois. Vizepräsident Lyndon B. Johnson und General Lucius D. Clay reisten nach Berlin und sicherten den West-Berlinern die Unterstützung der USA zu.

Schild der Ständigen Vertretung der Bundesrepublik Deutschland bei der DDR

1974
Stahl, emailliert
L 99/34

Mit dem Grundlagenvertrag von 1972 regelten die beiden Staaten ihr Verhältnis zueinander: Sie wollten »normale gutnachbarliche Beziehungen auf der Grundlage der Gleichberechtigung« unterhalten. Die Bundesrepublik erkannte die Hoheitsgewalt der DDR an, machte aber deutlich, dass beide Staaten füreinander kein Ausland waren. An Stelle von Botschaften sollten daher »Ständige Vertretungen« eingerichtet werden. Zwei Jahre später, am 2. Mai 1974, nahmen diese in Ost-Berlin und Bonn offiziell ihre Arbeit auf. Der außenpolitische Alleinvertretungsanspruch der Bundesrepublik war damit aufgegeben. Für die Bundesrepublik wurde am 20. Juni Günter Gaus akkreditiert, für die DDR Michael Kohl.

Seit 1972 gab es auch Erleichterungen im Reise- und Besucherverkehr. In West-Berlin eröffnete die DDR fünf »Büros für Besuchs- und Reiseangelegenheiten«. Dort konnten Anträge für Reisen in die DDR gestellt werden. Die Bearbeitung der Anträge lag beim Ministerium für Staatssicherheit der DDR.

Löwenbändiger

José García y Más
(geb. Santa Cruz de la Palma 1945)
Berlin 1985
Öl, Leinwand
Gm 93/20

Das Gemälde resümiert die Entspannungspolitik seit den 70er-Jahren. Im Käfig ist Erich Honecker als Löwe dargestellt, davor stehen fünf führende westdeutsche Politiker, die die deutsch-deutschen Beziehungen geprägt haben: Hans-Dietrich Genscher, Helmut Kohl, Franz Josef Strauß, Willy Brandt und Egon Bahr. Der Falke auf Brandts Hand symbolisiert dessen Mut und visionäre Kraft. Der bayerische Ministerpräsident Strauß hält ein Stück Fleisch in den Händen: Da die DDR zu Beginn der 80er-Jahre kurz vor dem Staatsbankrott stand, vermittelte der Politiker 1983 einen Milliardenkredit westdeutscher Banken unter Bürgschaft des Bundes. 1985 sollte ein weiterer Kredit die

Zahlungsprobleme lösen. Im Gegenzug baute die DDR Selbstschussanlagen und Erdminen an der innerdeutschen Grenze ab und erleichterte den Reise- und Besuchsverkehr.

Zwecks Devisenbeschaffung verkaufte die DDR auch Kunstwerke und Antiquitäten in die Bundesrepublik. Außerdem belieferten DDR-Betriebe westdeutsche Unternehmen beispielsweise mit Textilien.

Friedliche Revolution und Wiedervereinigung

Während die Staats- und Parteiführung im Oktober 1989 den 40. Jahrestag der DDR feierte, demonstrierten Tausende für mehr Demokratie. Mit Parolen und auf Transparenten verkündeten die Bürger ihre Forderungen zur Umgestaltung der DDR. Die gewaltfreie Massenbewegung entwickelte ihre eigene Dynamik: Erich Honecker musste zurücktreten. Sein Nachfolger Egon Krenz versuchte vergeblich, die SED an der Macht zu halten. Am 9. November 1989 öffnete die Regierung überraschend die Grenzübergänge und Millionen DDR-Bürger besuchten den Westen. Der Schock des direkten Vergleichs machte vielen deutlich, dass die DDR nicht reformierbar sei. Erstmals wurde der Ruf nach Wiedervereinigung laut.

Der als reformfähig geltende SED-Politiker Hans Modrow wurde Ministerpräsident. Bei den ersten demokratischen Wahlen in der DDR im März 1990 feierten die konservativen Parteien einen überwältigenden Sieg: Die Bürger hatten die Wiedervereinigung gewählt. Lothar de Maizière (CDU) führte die letzte DDR-Regierung. Am 23. August 1990 beschloss die Volkskammer den Beitritt der DDR zur Bundesrepublik. Die Alliierten stimmten dem Einigungsprozess zu. Der 2 + 4-Vertrag sicherte Deutschland die volle Souveränität und die NATO-Mitgliedschaft.

Die ersten gesamtdeutschen Wahlen im Dezember 1990 gewann die CDU/FDP-Koalition unter Bundeskanzler Helmut Kohl. 1991 endete die »Bonner Republik«: Berlin wurde Hauptstadt und Regierungssitz.

Druckerschwärzenpumpe aus der Berliner »Umwelt-Bibliothek« mit Farbpatrone aus dem Westen
Deutsche Demokratische Republik
vor 1987
Eisen, Weißblech, Kunststoff
AK 99/776

Schon seit den 70er-Jahren formierten sich oppositionelle Gruppierungen, welche die SED-Herrschaft punktuell in Frage stellten. Sie forderten Demokratisierung, Rechtssicherheit und Mitsprache in Menschenrechts-, Friedens-

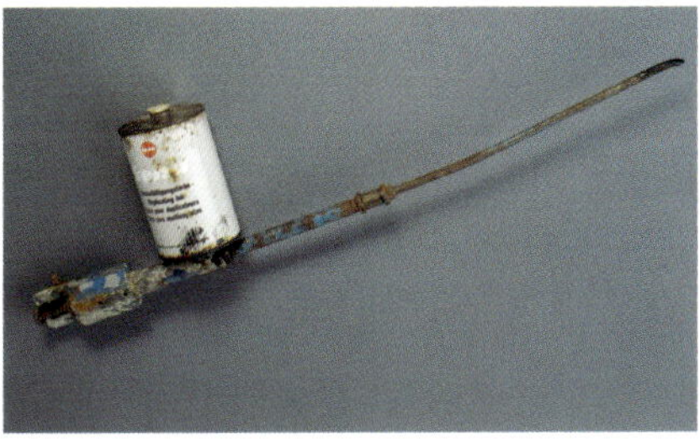

und Umweltfragen. Es gab unabhängige Gruppen in subkulturellen Nischen. Die meisten waren aber mit den evangelischen Kirchen eng verflochten. Sie wurden zum wichtigsten Austragungsort gesellschaftlicher Konflikte. Kirchliche Gruppierungen und Netzwerke waren überall in der DDR tätig.

Die Umweltbibliothek (UB) wurde 1986 in der Berliner Zionskirchgemeinde gegründet. Sie entwickelte sich zum Kommunikationszentrum der DDR-Opposition. Seit 1986 gab die UB die Zeitschrift »Umweltblätter« heraus. Die Anbindung an die Kirchengemeinde bot ihr nur begrenzt Schutz. In der Nacht vom 24. zum 25. November 1987 überfiel die Stasi die Umweltbibliothek: Sie beschlagnahmte alle Druckmaschinen, vergaß jedoch diese Druckerschwärzenpumpe. Die sieben Mitarbeiter wurden verhaftet. In einer landesweiten Solidaritätskampagne, begleitet von internationalem Medienecho, gelang ihre Freilassung.

Montagsdemonstration in Leipzig
Gerhard Gäbler (geb. Leipzig 1952)
9. Oktober 1989
96/1083

Die Aufdeckung des Wahlbetrugs bei den Kommunalwahlen am 7. Mai 1989 wurde zum größten politischen Erfolg der Oppositionellen. Im Vorfeld versuchten sie, eigene Kandidaten aufzustellen. Als dies misslang, riefen sie zum Wahlboykott auf und planten Wahlkontrollen. Kritische Bürger überwachten vielerorts die Stimmauszählungen. Trotz massiver Behinderungen durch Sicherheitskräfte konnten die Bürgerrechtler den Betrug öffentlich machen. Sie schrieben Eingaben und Beschwerden oder erstatteten Anzeige wegen Wahlfälschung. Demonstrationen wurden durch massives Eingreifen der Sicherheitskräfte behindert. Die Aktionen fanden breiten Widerhall in der DDR-Bevölkerung.

Seit Mitte 1989 entschlossen sich verschiedene Gruppen, Parteien oder parteiähnliche Zusammenschlüsse zu gründen: »Neues Forum«, »Demokratie Jetzt«, »Demokratischer Aufbruch« und die »Sozialdemokratische Partei in der DDR« stellten der SED erstmals politische Alternativen entgegen. Ihre Aufrufe und Manifeste wurden von den Medien im Westen und den Kirchen verbreitet.

Die Leipziger Montagsdemonstration am 9. Oktober 1989 entschied über den friedlichen Verlauf des Umbruchs: Die erwartete Konfrontation der rund 75 000 Demonstranten mit der Staatsmacht blieb aus.

Transparent einer Demonstration in Leipzig

Dezember 1989
Pappe, bemalt
DG 90/6408

In seiner Regierungserklärung »Zehn-Punkte-Programm zur Überwindung der Teilung Deutschlands und Europas« schlug Bundeskanzler Kohl am 28. November 1989 vor, zunächst eine Vertragsgemeinschaft mit der DDR einzugehen. Diese sollte über eine Konföderation und Föderation schließlich zur Einheit führen. Die Reaktionen in der DDR waren geteilt: Die Regierung lehnte das Programm ab, die Bevölkerung stimmte überwiegend zu. Anfang Dezember 1989 gewannen die Befürworter der Wiedervereinigung die Oberhand: Aus der Parole »Wir sind das Volk!« wurde »Wir sind ein Volk!«.

Bundeskanzler Helmut Kohl spricht vor der Ruine der Dresdner Frauenkirche

Dresden 19. Dezember 1989
Leihgabe: Bundesbildstelle, Berlin

Bei ihrem ersten Treffen in Dresden am 19. und 20. Dezember verhandelten Hans Modrow, Vorsitzender des Ministerrats der DDR, und Helmut Kohl über eine Vertragsgemeinschaft. Sie beschlossen die Öffnung des Brandenburger Tores, die Abschaffung von Mindestumtausch und Visazwang für Bundesbürger und die Freilassung politischer Gefangener.

Vor mehreren zehntausend jubelnden Dresdnern beschwor der Bundeskanzler am 19. Dezember die »Einheit der Nation«. Befürworter der Wiedervereinigung hatten zu diesem Anlass ein Flugblatt unter dem Titel »Bürger

Dresdens – bereitet Bundeskanzler Kohl einen begeisterten Empfang« hergestellt. Später bezeichnete Helmut Kohl den Besuch als sein »Schlüsselerlebnis auf dem Weg zur deutschen Einheit«.

Text des Vertrages über die Währungs-, Wirtschafts- und Sozialunion zwischen der Bundesrepublik und der DDR
Presse- und Informationsamt der Bundesregierung
Berlin und Bonn 1990
Do2 96/3819

Unmittelbar nach der Bildung der demokratisch gewählten Regierung der DDR im März 1990 begannen die Verhandlungen über die Modalitäten der Vereinigung der beiden deutschen Staaten. Der am 18. Mai 1990 in Bonn unterzeichnete »Vertrag über die Schaffung einer Währungs-, Wirtschafts- und Sozialunion zwischen der Bundesrepublik Deutschland und der Deutschen Demokratischen Republik« (Staatsvertrag) schuf die währungs- und wirtschaftspolitischen Grundlagen für die deutsche Einheit: Er regelte die Einführung der D-Mark in der DDR zum 1. Juli 1990, legte die soziale Marktwirtschaft mit Privateigentum als Basis der Wirtschaftspolitik fest und bestimmte die schrittweise Übernahme des westdeutschen Arbeitsrechtes, der Sozialversicherung und -hilfe in der DDR.

Die historische Entscheidung für die Einheit Deutschlands fiel am 23. August 1990: In einer Sondersitzung der Volkskammer beschlossen die Abgeordneten den Beitritt der DDR »zum Geltungsbereich des Grundgesetzes der Bundesrepublik Deutschland gemäß Art. 23 des GG mit Wirkung vom 3.10.1990". Der am 31. August unterzeichnete Einigungsvertrag legte fest, dass am 3. Oktober die fünf ostdeutschen Länder als Bundesländer Teil der Bundesrepublik werden. Am selben Tag trat das Grundgesetz mit einigen »beitrittsbedingten« Änderungen in den fünf neuen Bundesländern in Kraft.

Anhang

Multimedia im DHM 182

Leihgeberverzeichnis 184

Personenregister 186

Das Alliierten Museum 190

Das Deutsch-Russische Museum Berlin-Karlshorst 191

Deutsches Historisches Museum Besucherhinweise – Museumsverein 192

Multimedia im DHM

Die umfangreiche und vielfältige Ständige Ausstellung kann nur einen Bruchteil der wertvollen und raren Sammlungsobjekte zeigen, die das DHM sonst im Depot verwahrt. Der Einsatz von multimedialen Einheiten vergrößert die Ausstellungsfläche nicht nur virtuell um ein Vielfaches, sondern ermöglicht auch den Zugang zu fragilen und gefährdeten Exponaten, die aus konservatorischen Gründen nicht dauerhaft ausgestellt werden dürfen. Zudem können komplexe historische Zusammenhänge durch die Verknüpfung verschiedener Bild-, Text- und Tondokumente mit Hintergrundinformationen verständlich erklärt und anschaulich dargestellt werden.

Die Multimedia-Abteilung des DHM hat seit ihrer Entstehung im Jahr 1999 zahlreiche Projekte mit verschiedenen Kooperationspartnern verwirklicht, die von PC-Anwendungen, über Internetauftritte bis hin zu Dokumentarfilmen reichen. In der Ausstellung sind davon rund 30 Anwendungen integriert:
Die Multivision im Kino des Zeughauses bietet einen Überblick über die Leitlinien der Ausstellung. Die wichtigsten historischen Ereignisse und Entwicklungen, die Deutschland und Europa prägten, werden in einer filmischen Zusammenschau beleuchtet und knapp erklärt.
Die PC-Stationen ermöglichen einen schnellen, interaktiven Zugriff auf vierzehn Themenschwerpunkte, die von mittelalterlichen Burgen, über europäische Dynastien und den Ersten Weltkrieg bis zu Wahlen in Deutschland reichen. Vielschichtige Anwendungen beinhalten unterschiedliche Objektgattungen, interaktive Karten, Glossare und Filmanimationen.
Drei Multimedia-Applikationen bieten ausführliche historische Darstellungen an, die sich den Teilungen Polens, altem Recht und neuer Freiheit und den »Augsburger Monatsbildern« widmen. Ein Erzähler führt durch die Kapitel, während jederzeit vertiefende Informationen abrufbar sind.
In der Virtuellen Bibliothek ermöglicht digitale Technik das Blättern in zwölf weltberühmten Handschriften des Mittelalters. Ein Mausklick genügt, und der Besucher wird zum Rechtsexperten, zum Leser erster deutscher Dichtkunst oder zum Übersetzer lateinischer und hebräischer Bibeltexte. Die reiche Bilderwelt der Prachtcodices wird erklärt und kann mittels Lupe auch im Detail betrachtet werden. An einer Hörstation kann die sprachgeschichtliche Entwicklung des Deutschen verfolgt werden.

Faksimiles der »Virtuellen Bibliothek« sowie die PC-Anwendung »Jüdisches Leben in Deutschland 1914–2006« sind im Museumsshop auch als DVD zu erwerben.

Das DHM-Multimedia-Team:

Dorlis Blume, Stefan Kontra, Gorch Pieken, Tobias Pöhlmann, Katja Protte, Gerhard Schiller, Daniel Steinbach, Michael Truckenbrodt.

Weitere Informationen im Internet:
http://www.dhm.de/mm/mume.htm

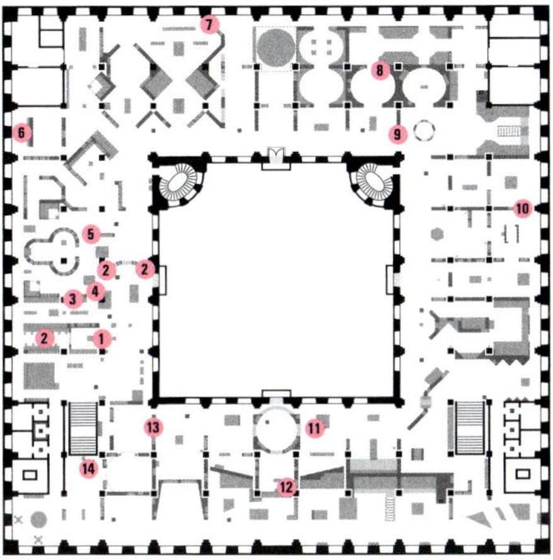

Obergeschoss

1. Kaiserpfalz zu Aachen / Kloster St. Johann in Müstair (3-D-Projektion)
2. Virtuelle Bibliothek
3. Burgen des Mittelalters
4. Bauernhöfe und Dörfer
5. Triumphzug Kaiser Maximilians I.
6. Augsburger Monatsbilder
7. Europäische Dynastien
8. Barocke Schlösser und Residenzen
9. Teilungen Polens
10. Um altes Recht und neue Freiheit
11. Kurzbiographie Karl Marx
12. Die Nationalversammlung in der Paulskirche 1848
13. Nationalbewegungen und staatliche Entwicklung in Europa
14. Die Eröffnung des Reichstags

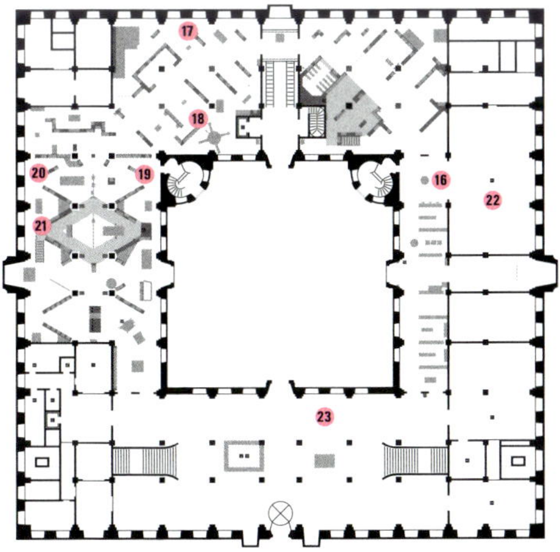

Erdgeschoss

16. Wahlen in der Weimarer Republik
17. Jüdisches Leben in Deutschland
18. Widerstand gegen das NS-Regime
19. Staat und Partei in der DDR
20. Wahlen in der Bundesrepublik Deutschland
21. Jüdisches Leben in Deutschland

Zeughauskino

22. Multivision: Deutsche Geschichte in Bildern und Zeugnissen

Foyer

23. Grenzen in Europa 117-2000 (Kartenprojektion)

Leihgeberverzeichnis

Augsburg: Römisches Museum der Kunstsammlungen und Museen Augsburg; **Bautzen:** Gedenkstätte Bautzen; **Berlin:** Archiv des Diakonischen Werkes der EKD; Politisches Archiv des Auswärtigen Amtes; Berlin Picture Gate; Bundesamt für Bauordnung und Raumwesen; Bundesamt für zentrale Dienste und offene Vermögensfragen; Bundesarchiv; Bundesministerium des Innern; CVJM Berlin e.V.; Deutsche Dienststelle (WASt) für die Benachrichtigung der nächsten Angehörigen von Gefallenen der ehemaligen deutschen Wehrmacht; Deutscher Bundestag; Diözesanarchiv Berlin; Bernd Feuerhelm; Forschungs- und Dokumentationszentrum zur Geschichte der Afrikanischen Diaspora in Deutschland; Haus der Wannsee-Konferenz - Gedenk- und Bildungsstätte; Wolfgang Haney; Inge Heym; Humboldt-Universität zu Berlin Universitätsbibliothek; Institut für Erhaltung und Modernisierung von Bauwerken e.V.; Landesarchiv Berlin; Matthias-Domaschk-Archiv in der Robert-Havemann-Gesellschaft; Deutsch-Russisches Museum Berlin-Karlshorst; Museum für Naturkunde der Humboldt-Universität zu Berlin; Bundesbildstelle des Presse- und Informationsamtes der Bundesregierung; Wolfgang Scheffler; Hans-Michael Schulze; Staatliche Museen zu Berlin – Alte Nationalgalerie; Staatliche Museen zu Berlin – Kupferstichkabinett; Staatliche Museen zu Berlin – Münzkabinett; Staatliche Museen zu Berlin – Museum Europäischer Kulturen; Staatliche Museen zu Berlin – Museum für Vor- und Frühgeschichte; Staatsbibliothek zu Berlin - PK, Bildarchiv Preußischer Kulturbesitz; Stiftung »Neue Synagoge Berlin – Centrum Judaicum«; Deutsches Technikmuseum Berlin; Ullstein GmbH –Ullstein Bild; **Bonn:** Bonner Fahnenfabrik GmbH; Stiftung Haus der Geschichte der Bundesrepublik Deutschland; Wolfgang Raps; **Bramsche-Kalkriese:** Varusschlacht im Osnabrücker Land gGmbH - Museum und Park Kalkriese; Dres. Fisse-Niewedde, Nachl. Kalkriese; Hartmut Bruning; Hasso von Bar; **Braunschweig:** Braunschweigisches Landesmuseum; **Chemnitz:** Förderzentrum »pro Chemnitz« GmbH; **Detmold:** Lippische Landesbibliothek Detmold; **Dresden:** Landesamt für Archäologie mit Landesmuseum für Vorgeschichte Dresden; Kunstgewerbemuseum, Staatliche Kunstsammlungen Dresden; Stadtmuseum Dresden; Stiftung Deutsches Hygiene-Museum Dresden, Sammlung Orthopädie-Technik Klaus Dittmer; **Duisburg:** Stadtarchiv Duisburg; Steinheim-Institut; **Düsseldorf:** Nordrhein-Westfälisches Hauptstaatsarchiv; Stadtarchiv Düsseldorf; Theatermuseum Düsseldorf; **Eisenhüttenstadt:** Dokumentationszentrum Alltagskultur der DDR e.V.; **Eiterfeld:** Dr. Tilo Freiherr von Wilmowsky; **Frankfurt/Main:** Peter Brinkmann; Bundesarchiv; Ernst Klee; Dr. Salomon Korn; dpa Picture-Alliance GmbH; Staatsanwaltschaft Frankfurt/Main; **Freiburg/Breisgau:** Landesarchiv Baden-Württemberg, Abt. Staatsarchiv Freiburg; Stadtarchiv Freiburg; **Freising:** Diözesanmuseum für christliche Kunst des Erzbistums München und Freising; **Fürth:** Stadtarchiv Fürth; **Furtwangen:** Deutsches Uhrenmuseum; **Hagen:** Dimitra Nalpantida; **Hamburg:** Otto Bender; Hans-H. H. von Brockhusen; Museum für Hamburgische Geschichte; **Hanau:** Stadtverwaltung Hanau - Bildstelle; **Hannover:** Archiv Hans Firzlaff; **Hannoversch Münden:** Städtisches Museum Hannoversch Münden; **Heidelberg:** Dokumentations- und Kulturzentrum Deutscher Sinti und Roma; **Helmstedt:** Zonengrenz-Museum Helmstedt; **Hirschberg:** Edgar Wolf; **Immenhausen:** Glasmuseum Immenhausen; **Karlsruhe:** Badisches Landesmuseum Karls-ruhe; Verein der Richter des Bundesverfassungsgerichtes e.V.; **Kassel:** Landeswohlfahrtsverband Hessen; Volksbund Deutsche Kriegsgräberfürsorge e.V.; **Kaufbeuren-Neugablonz:** Eva Maria Simon; **Koblenz:** Bundesarchiv; **Köln:** Irene Corbach; Institut für Biochemie Deutsche Sportschule Köln; Kölnisches

Stadtmuseum; LETTER Stiftung; Hans-Peter Reinartz; Römisch-Germanisches Museum; Giuseppe Sortino;**Leipzig:** Gedenkstätte Museum in der »Runden Ecke« mit dem Museum im Stasi-Bunker – Bürgerkomitee Leipzig e.V. für die Auflösung der ehemaligen Staatssicherheit (MfS); **Leverkusen:** Stadtarchiv Leverkusen; **Ludwigsburg:** Zentrale Stelle der Landesjustizverwaltungen zur Aufklärung von NS-Verbrechen; **Lutherstadt Eisleben:** Lutherstadt Eisleben; **Mainz:** Landtag Rheinland-Pfalz; **Marburg:** Archiv der Stabsstelle Presse- und Öffentlichkeitsarbeit der Stadt Marburg; **Mittweida:** Stadtarchiv Mittweida; **München:** Archäologische Staatssammlung München – Museum für Vor- und Frühgeschichte; Bayerische Staatsbibliothek; Bayerischer Rundfunk - Historisches Archiv; Deutsches Museum; Dokumentations- und Informations-Zentrum für die Archive des Bayerischen Rundfunks und der Süddeutschen Zeitung; Institut für Zeitgeschichte; Münchner Stadtmuseum; Eva Riehl; Stadtbibliothek München; **Münster:** Stadtmuseum Münster; **Neckarsulm:** Deutsches Zweirad- und NSU-Museum; **Norderney:** Stadtarchiv Norderney; **Nordhausen:** KZ-Gedenkstätte Mittelbau-Dora; **Nürnberg:** Joachim Breuninger; DB Museum; Oberlandesgericht Nürnberg; **Oberaudorf:** Irmgard Baronin von Koskull; **Oberhausen:** Stadtarchiv Oberhausen; **Oranienbaum:** Landesarchiv Oranienbaum; **Pähl:** Familie Haushofer; **Potsdam:** Chronos Media; Deutsches Rundfunkarchiv; Mathias Graf von Schwerin; Stiftung Preußische Schlösser und Gärten Berlin-Brandenburg; **Rastatt:** Stadtarchiv Rastatt; **Saarbrücken:** Dr. Hubertus Freiherr von Wilmowsky; **Selters/Taunus:** Geschichtsarchiv der Religionsgemeinschaft der Zeugen Jehovas in Deutschland; **Singen:** Stadtarchiv Singen, Archiv der »Poppele«-Zunft; **Speyer:** Historisches Museum der Pfalz; Landesamt für Denkmalpflege Rheinland-Pfalz – Archäologische Denkmalpflege – Amt Speyer; **Starnberg:** Heinz Hahn; **Stuttgart:** Stadtarchiv Stuttgart; Württembergisches Landesmuseum Stuttgart; **Trier:** Rheinisches Landesmuseum; **Tübingen:** Geschichtswerkstatt Tübingen e.V.; Prof. Dr. Gottfried Korff; **Weilburg/Lahn:** Bergbau- und Stadtmuseum Weilburg a. d. Lahn; **Weimar:** Stadtarchiv Weimar; Thüringisches Landesamt für Archäologische Denkmalpflege Weimar; **Wiesbaden:** Bundeskriminalamt; Hauptstaatsarchiv; Museum Wiesbaden; **Wolfenbüttel:** Herzog August Bibliothek; **Würzburg:** Staatsarchiv Würzburg; Stadtarchiv Würzburg; **Zeithain:** Gedenkstätte Ehrenhain Zeithain.

Frankreich – Metz: Musée de Metz; **Paris:** Centre de Documentation Juive Contemporaine; Etablissement Cinématographique et Photographique des Armées; Féderation nationale des déportés internés résistants et patriotes; Galerie Chevalier; Musée Carnavalet; **Saint-Denis:** Musée d'Art et d'Histoire de Saint-Denis.

Großbritannien – London: Imperial War Museum; Rainer Zietz LTD.

Israel – Jerusalem: Yad Vashem – The Holocaust Martyrs' and Heroes' Remembrance Authority.

Österreich – Wien: Österreichische Gesellschaft für Zeitgeschichte, Bildarchiv.

Niederlande – Doorn: Kasteel Huis Doorn; **Rotterdam:** Nederlands Fotoarchief.

Norwegen – Oslo: Archiv und Bibliothek der Arbeiterbewegung.

Polen – Konin: Muzeum Okręgowe Koninie-Gosławicack; **Oświęcim:** Państwowe Muzeum Auschwitz-Birkenau w Oświęcimiu.

Tschechien – Prag: Deutsche Botschaft in Prag.

USA – College Park/Md: National Archives; **New York/NY:** The New-York Historical Society; **Santa Barbara/CA:** George J. Wittenstein; **Washington/DC:** United States Holocaust Memorial Museum.

Stand: 26. April 2006

Personenregister

Achatius, Heiliger, Ritter 72
Adenauer, Konrad, Bundeskanzler 86, 163, 165, 174
Ägidius, Heiliger, Mönch 72
Alba, Fernando Álvarez de Toledo, Herzog, Statthalter 51
Albert, Prinzgemahl 93
Alexander I., Zar von Russland 76, 82
Anna Amalia, Herzogin von Sachsen-Weimar-Eisenach 75
Arndt, Ernst Moritz, Dichter 84, 91
Arnold, Lukas, Maler 84
Auguste Victoria, deutsche Kaiserin 104
Axt, Christian, Architekt 8
Baden, Prinz Max von, Reichskanzler 118
Bager, Johann Daniel, Maler 71, 72
Bahr, Egon, Politiker 173, 175
Barbara, Heilige 72
Bartning, Otto, Architekt 127
Bebel, August, Politiker 101
Becher, Johann Joachim, Volkswirtschaftler 64
Beckerath, Hermann von, Politiker 91
Benediktiner, Mönchsorden 34
Bettannier, Albert, Maler 111
Bismarck, Otto Fürst von, Reichskanzler 95, 97, 98, 99, 100, 102, 103, 104
Blasius, Heiliger, Bischof 72
Blücher, Gebhard Leberecht Fürst, Generalfeldmarschall 96
Blum, Robert, Publizist, Politiker 91
Borussia, Länderallegorie 94, 95
Bourbonen, Dynastie 58, 59, 60, 61, 62, 81
Brandt, Willy, Bundeskanzler 163, 166, 173, 174, 175
Breu, Jörg, Maler 46
Breu, Jörg d. Ä., Maler 36
Brück, Gregor, sächsischer Kanzler 43
Bülow, Paul, Maler 98
Bürde, Paul, Maler 90, 96
Callot, Jacques, Radierer 55, 56
Castlereagh, Robert Stewart, Politiker 83
Chaldej, Jewgeni, Fotograf 156, 160
Chamberlain, Neville, Politiker 144
Childerich, Merowingerkönig 81
Christopherus, Heiliger 72
Chruschtschow, Nikita, Politiker 174
Clay, Lucius D., General 175
Colbert, Jean-Baptiste, Staatsminister 59
Cranach, Lucas d. Ä., Maler 39, 50
Cranach, Lucas d. J., Maler 50
Cyriakus, Heiliger, Diakon 72
Dahlmann, Friedrich Christoph, Politiker 91
Daladier, Edouard, Politiker 144
Daniel, Prophet 24
Daumier, Honoré, Maler 95
David, Louis, Maler 78
Dietrich, Marlene, Schauspielerin 128
Dionysios, Heiliger, Bischof 72
Dix, Otto, Maler 128
Döblin, Alfred, Schriftsteller 128
Dominikaner, Mönchsorden 34
Dönitz, Karl, Großadmiral 156
Dubček, Alexander, Politiker 171
Dürer, Albrecht, Maler 24, 25, 38
Ebert, Friedrich, Reichspräsident 86, 118, 120, 125
Egmont, Lamoral Graf, Statthalter 51
Einstein, Albert, Physiker 86
Elisabeth Charlotte (Lieselotte) von der Pfalz, Herzogin von Orléans 60
Elle, Louis Ferdinand d. Ä., Maler 60
Erasmus, Heiliger, Bischof 72
Erasmus von Rotterdam, Humanist 38, 39
Erhard, Ludwig, Politiker 163
Eugen, Prinz von Savoyen, Feldherr 59, 61
Eustachius, Heiliger, Ritter 72
Fechhelm, Carl Traugott, Maler 67
Ferdinand I., römisch-deutscher Kaiser 41, 42
Ferdinand II., römisch-deutscher Kaiser 54
Ferrer de Morgado, Horacio, Maler 143
Firmian, Leopold Anton Graf von, Erzbischof von Salzburg 65
Fischer von Erlach, Joseph Emanuel, Baumeister 67
Franco, Francisco, General 143
Frank, Viktor, Bildhauer 153
Franz I., römisch-deutscher Kaiser 73, 74

Franz II., römisch-deutscher Kaiser, später als Franz I. Kaiser von Österreich 78, 80, 82
Franz von Assisi, Ordensbegründer 34
Franziskaner, Mönchsorden 34
Friedrich II. (der Große), König von Preußen 67, 73, 74, 96, 104
Friedrich III., deutscher Kaiser 102
Friedrich III., Kurfürst von Brandenburg, später Friedrich I., König in Preußen 63, 65
Friedrich V., Kurfürst von der Pfalz, später König von Böhmen 53, 54
Friedrich (der Weise), Kurfürst von Sachsen 38
Friedrich Wilhelm von Brandenburg (der Große Kurfürst) 63
Friedrich Wilhelm I. (der Soldatenkönig) von Preußen 63, 65, 66, 73
Friedrich Wilhelm III., König von Preußen 82
Fugger, Handelshaus 47
Fugger, Jakob d. Ä., Bankier 41, 47
Gäbler, Gerhard, Fotograf 178
Gagern, Heinrich Freiherr von, Politiker 90
Gama, Vasco da, Seefahrer 44
García y Más, José, Maler 175
Gaus, Günter, Journalist und Politiker 175
Gehrig-Targis, Franz Edwin, Maler 168
Genscher, Hans-Dietrich, Politiker
Georg, Heiliger, Ritter 31, 72
Gérard, François, Maler 81
Gerhardinger, Maria-Theresia, Ordensgründerin 86
Germania, Länderallegorie 94, 112
Gies, Ludwig, Bildhauer 163
Goebbels, Joseph, Politiker 134, 135, 136, 141
Goethe, Johann Wolfgang von, Dichter 75, 76
Göring, Hermann, Politiker 142
Griebel, Otto, Maler 130
Grimm, Jacob, Germanist 91
Gropius, Walter, Architekt 126
Grosz, George, Maler 122, 128
Grotewohl, Otto, Politiker 168
Grundig, Hans, Maler 129, 130, 140
Grundig, Lea, Malerin 140, 141
Gustav, Pfalzgraf von Zweibrücken 56
Haase, Hugo, Politiker 118
Habsburger, Dynastie 16, 37, 43, 52, 53, 58, 59, 60, 61, 81
Hardenberg, Karl August, Fürst, Politiker 83
Haydn, Joseph, Komponist 86
Heartfield, John (Helmut Herzfeld), Grafiker 135
Heydecker, Joe J., Fotograf 148, 149
Heinrich, Prinz von Preußen 73
Herder, Johann Gottfried, Dichter 75, 76
Heuss, Theodor, Bundespräsident 86
Heydrich, Reinhard, Politiker 152
Heym, Stefan, Schriftsteller 153
Himmler, Heinrich, Politiker 139, 141
Hindenburg, Paul von, Generalfeldmarschall, Politiker 113, 125, 129, 130
Hitler, Adolf, Politiker 117, 123, 124, 129, 130, 133, 134, 137, 142, 143, 144, 145, 146, 153, 154, 156
Höchstätter, Handelshaus 47
Hoffmann, Heinrich, Fotograf und Verleger 123, 146
Hoffmann von Fallersleben, August Heinrich, Dichter 86
Honecker, Erich, Politiker 168, 172, 173, 175, 177
Hoorn, Philipp Graf von, Statthalter 51
Hubbuch, Karl, Maler 134
Hulle, Anselmus van, Maler 53
Hus, Jan, Reformator 36
Imhof, Handelshaus 47
Isabey, Jean-Baptiste, Maler 83
Jahn, Friedrich Ludwig (Turnvater Jahn), Politiker 91
Jakob II., König von England 58, 59
Jesuiten, katholischer Missionsorden 51
Jodl, Alfred, Generaloberst 156
Johann III. Sobieski, König von Polen 62
Johann Friedrich (der Großmütige), Kurfürst von Sachsen 42, 49
Johann Wilhelm, Kurfürst von der Pfalz 61
Johnson, Lyndon B., Politiker 175
Joseph I., römisch-deutscher Kaiser 58, 59
Joseph II., römisch-deutscher Kaiser 73, 74
Jucho, Friedrich Siegmund, Politiker 91
Kant, Immanuel, Philosoph 75
Kapp, Wolfgang, Politiker 122
Kara Mustafa, osmanischer Heerführer 62
Karl, Kurfürst von der Pfalz 60
Karl II., König von Spanien 61

Karl IV., römisch-deutscher Kaiser 27
Karl V., römisch-deutscher Kaiser 16, 28, 38, 41, 42, 43, 49, 51
Karl VI., römisch-deutscher Kaiser (zuvor als Karl III. König von Spanien) 58, 59, 61, 73, 74
Karl VII., römisch-deutscher Kaiser 73
Karl der Große, fränkischer König, römischer Kaiser 16, 22, 23, 24, 81
Karl August, Herzog von Sachsen-Weimar 76
Karl Friedrich, Markgraf von Baden 69
Karl Ludwig, Kurfürst von der Pfalz 60
Karl Wilhelm, Markgraf von Baden-Durlach 69
Karmeliter, Mönchsorden 34
Kartäuser, Mönchsorden 34
Katharina, Heilige 72
Katharina, Zarin von Russland 73
Katharina von Bora, Ehefrau Luthers 39
Kaulbach, Friedrich August von, Maler 112
Kilian, Lucas, Zeichner 47
Kilian, Wolfgang, Kupferstecher 47, 56
Klara, Heilige 34
Klarissinnen, Bettelorden 34
Klenze, Leo von, Architekt 85
Klopstock, Friedrich Gottlieb, Dichter 76
Knaus, Ludwig, Maler 101
Knobelsdorff, Georg Wenceslaus von, Baumeister 67
Koehler, Robert, Maler 103
Kohl, Helmut, Bundeskanzler 163, 173, 175, 177, 179, 180
Kohl, Michael, Diplomat 175
Kolbe, Georg, Bildhauer 120
Kolumbus, Christoph, Entdecker 44
Kotzebue, August von, Dichter 84
Krafft, Johann Peter, Maler 82
Krenz, Egon, Politiker 177
Krupp, Industriellenfamilie 110
Kügelgen, Gerhard von, Maler 76
Lachnit, Max, Bildhauer 159
Lang, Fritz, Regisseur 128
Lasalle, Ferdinand, Politiker 92, 93, 101
Laserstein, Lotte, Malerin 125
Leibniz, Gottfried Wilhelm, Philosoph und Gelehrter 75
Leopold I., römisch-deutscher Kaiser 58, 59, 60, 61, 62, 63
Liebknecht, Karl, Politiker 118, 119, 120
Liebknecht, Wilhelm, Politiker 101
Löbe, Paul, Reichstagspräsident 120
Löser von Rehfeld, sächsisches Geschlecht 50
Ludendorff, Erich, General 113
Ludwig I., König von Bayern 85, 86
Ludwig XIV., König von Frankreich 58, 59
Ludwig (der Fromme), fränkischer Kaiser 23
Luther, Martin, Reformator 35, 38, 39, 40, 42, 96
Lüttwitz, Walther von, General 122
Luxemburg, Rosa, Politikerin 119, 120
Maizière, Lothar de, Politiker 177
Malraux, André, Schriftsteller 18
Margaretha, Heilige 72
Margarethe von Parma, Generalstatthalterin 51
Margarethe von Spanien, Ehefrau Kaiser Leopolds I. 58
Maria Stuart, Königin von England 58
Maria Theresia, Erzherzogin, Königin von Böhmen und Ungarn 73, 74
Maria Theresia von Spanien, Ehefrau König Ludwigs XIV. 59
Marlborough, John Churchill, Herzog von 61
Marolles, Michel de, Abbé 55
Marshall, George C., Politiker 162
Marx, Karl, Philosoph 89
Max Emanuel, Kurfürst von Bayern 61
Maximilian, Herzog von Bayern 51
Maximilian I., deutscher Kaiser 27, 28
Melanchthon, Philipp, Reformator 42
Mendelssohn, Moses, Philosoph 75, 76
Menzel, Adolf Friedrich Erdmann, Maler 94, 95
Metternich, Clemens Wenzel Fürst von, Staatsmann 83
Meytens, Martin van, d. J., Maler 74
Modrow, Hans, Politiker 177, 179
Moritz, Kurfürst von Sachsen 42, 49
Müntzer, Thomas, Bauernführer 40
Mussolini, Benito, Politiker 144
Napoleon I., Kaiser 76, 78, 80, 81, 82
Napoleon III., Kaiser 96
Newcomen, Thomas, Naturwissenschaftler 87
Newton, Isaac, Naturwissenschaftler 75
Nussbaum, Felix, Maler 150, 151

Nussbaum, Felka 151
Oppenheim, Louis, Graphiker 121
Otto I., ostfränkischer König, Kaiser 24
Pantaleon, Heiliger, Arzt 72
Pape, William, Maler 104
Paulsen, Fritz, Maler 107
Pei, Ieoh Ming, Architekt 12
Pesne, Antoine, Maler 73
Pflugk, sächsisches Geschlecht 50
Philipp, Herzog von Orléans 60
Philipp, Landgraf von Hessen 42, 49
Philipp II., König von Spanien 51
Philipp V., König von Spanien 61
Philipp (der Schöne), Herzog von Burgund 44
Piccolomini, Ottavio, General 53, 54
Pieck, Wilhelm, Politiker 168
Pippin d. J., Frankenkönig 22
Rathenau, Emil, Unternehmer 106
Reich, Adolf, Maler 147
Rhegius, Urbanus, Reformator 40
Römer, Willy, Fotograf 119
Rousseau, Jean Jacques, Philosoph 75
Rubens, Peter Paul, Maler 41
Rudolf I., römisch-deutscher König 27
Rudolf II., römisch-deutscher Kaiser 48
Ruge, Arnold, Politiker, Publizist 91
Saler, Franz Christoph, Goldschmied 69
Sand, Karl Ludwig, Theologiestudent 84
Sandrart, Joachim von, Maler 56
Schaper, Fritz, Bildhauer 100
Schedel, Hartmann, Humanist 32
Scheidemann, Philipp, Politiker 118
Schenk von Stauffenberg, Claus Graf von, Generalstabsoffizier 153
Schiller, Friedrich von, Dichter 75, 76
Schmidt, Helmut, Bundeskanzler 163
Scholl, Sophie, Widerstandskämpferin 86
Schwippert, Hans, Architekt 163
Schwarzenberg, Karl Philipp Fürst zu, Feldmarschall 82
Seldschuken, türkische Fürstendynastie 25
Seutter, Matthäus d. Ä., Kupferstecher 65
Sigismund, Kaiser 25
Simson, Eduard, Politiker 91
Sophie, Kurfürstin von Hannover 60
Sporke, Wilhelmine, Hausangestellte 88
Stalin, Jossif, Politiker 145, 156, 158, 168
Staufer, Dynastie 30
Steiner, Jürg, Architekt 8
Stephenson, George, Unternehmer 87
Stobierski, Mieczyslaw, Bildhauer 151
Stölzl, Christoph, erster Generaldirektor des DHM 7
Strauß, Franz Josef, Politiker 175
Streicher, Julius, Politiker 139
Stresemann, Gustav, Politiker 125
Strigel, Bernhard, Maler 27
Strudel, Paul, Bildhauer 58, 59
Suleiman I., türkischer Sultan 43
Talleyrand, Charles Maurice de, Herzog, Politiker 83
Tassaert, Jean Pierre Antoine, Bildhauer 76
Testelin, Henri, Maler 59
Thiem, Otto, Bildhauer 108
Thomasius, Christian, Philosoph 75
Tirpitz, Alfred von, Admiral 109
Truman, Harry S., Politiker 162
Ulbricht, Walter, Politiker 168, 169, 171, 174
Unger, Georg Christian, Architekt 67
Urban II., Papst 25
Vernet, Horace, Maler 89
Victoria, Königin von England 93
Vitus, Heiliger 72
Vollbehr, Ernst, Maler 136
Voltaire (François Marie Arouet), Philosoph 74, 75
Wallenstein, Albrecht von, Feldherr 53
Watt, James, Naturwissenschaftler 87
Wellington, Arthur Wellesley, Herzog von, Feldmarschall 83
Welser, Handelshaus 44, 47
Wiclef, John, Reformator 36
Wieland, Christoph Martin, Dichter 75
Wilhelm I., deutscher Kaiser 13, 96, 97, 98, 99, 102, 104
Wilhelm II., deutscher Kaiser 97, 98, 99, 102, 104, 105, 109, 112, 113, 118
Wilhelm III. von Oranien, König von England 58, 60
Wolff, Christian, Philosoph 75
Zeugen Jehovas, religiöse Gemeinschaft 140
Zeus, Göttervater 54
Zille, Heinrich, Zeichner 114
Ziska, Jan, Hussit 52
Zisterzienser, Mönchsorden 34
Zürner, Adam Friedrich, Kartograph 65

Das Alliierten Museum

Helmut Trotnow

Das AlliiertenMuseum will die historische Erinnerung an einen wichtigen Abschnitt unserer Geschichte wach halten und die internationale Atmosphäre der deutschen Hauptstadt bereichern. Feierlich eröffnet wurde es 1998 aus Anlass des 50. Jahrestages der Berliner Luftbrücke. Vorausgegangen war eine vierjährige Planungszeit. Das Museum befindet sich im Zentrum des ehemaligen US Sektors von Berlin und ist eine einzigartige Einrichtung. Neben der Bundesrepublik Deutschland und dem Land Berlin sind auch die Länder der Westmächte USA, Großbritannien und Frankreich Träger des Museums. Aufgabe des Museums ist es, die Präsenz der Westmächte in Berlin in der Zeit von 1945 bis 1994 zu dokumentieren und deren Engagement für »Deutschland als Ganzes« zu würdigen. Die politische und militärische Geschichte wird dabei ebenso berücksichtigt wie die Alltagsgeschichte der alliierten Kommunen. Alle Informationen stehen in deutscher, englischer und französischer Sprache zur Verfügung. Dasselbe gilt für Führungen.

Die Ständige Ausstellung erstreckt sich auf zwei Gebäude. Das »Outpost Theatre« wurde 1952 von der US Army errichtet und steht heute unter Denkmalschutz. Es beherbergt die Ausstellung zu den Jahren 1945 bis 1950. Den Mittelpunkt bildet die Luftbrücke, deren logistische Abwicklung erläutert wird. Die Erinnerungsbibliothek »Arthur D. Nicholson« ist einem Mitarbeiter der US Militärverbindungsmission gewidmet, der 1985 von einem sowjetischen Wachposten erschossen wurde. Hier wird die Geschichte der Jahre 1950 bis 1989/94 gezeigt. Im Vordergrund steht dabei der Ost-West Konflikt, der als »Kalter Krieg« in die Geschichte eingegangen ist. Zu den herausragenden Exponaten gehört der »Berliner Spionagetunnel« ebenso wie die Fassade des ersten »Checkpoint Charlie« oder die wohl einzige Satellitenaufnahme von Berlin aus dem Jahre 1963, ein Geschenk der amerikanischen Central Intelligence Agency. Um aktuelle Themen oder historische Jahrestage aufgreifen zu können, wurde in der Bibliothek die Möglichkeit für kleinere Wechselausstellungen geschaffen. Insgesamt konnten seit der Eröffnung rund 500 000 Besucher registriert werden.

Im Freigelände präsentiert das Museum einige spektakuläre Exponate aus seiner Sammlung der Großobjekte. Dazu gehören die britische »Hastings TG 503«, die in der Luftbrücke zum Einsatz kam, der Restaurantwagen des französischen Militärzuges und der Container vom weltberühmten US Checkpoint Charlie, dessen Entfernung das symbolische Ende des Kalten Krieges kennzeichnete.

Alliierten Museum

Clayallee 135
14195 Berlin
Telefon: +49-(0)30 81 81 99-0

Öffnungszeiten

Täglich außer Mittwochs
10 – 18 Uhr Eintritt frei

U 3 bis Oskar-Helene-Heim /
Bus 115 oder X 83

Das Deutsch-Russische Museum Berlin-Karlshorst

Kristiane Janeke

Das Deutsch-Russische Museum Berlin-Karlshorst ist eine bisher einmalige deutsch-russische Einrichtung. Mit seinen Ausstellungen und Veranstaltungen schafft das Museum Räume für eine kritische Auseinandersetzung mit der Geschichte, für Bildung und Begegnung sowie für die Verständigung zwischen Deutschen und Russen.

Das Museum befindet sich am historischen Ort der bedingungslosen Kapitulation der Wehrmacht am 8. Mai 1945. Mit dem Akt der Ratifizierung der Kapitulationsurkunde in Karlshorst endete der Zweite Weltkrieg in Europa. Bis 1949 diente das ehemalige Offizierskasino der Wehrmachtspionierschule als Amtssitz des Chefs der sowjetischen Militärverwaltung. 1949 erhielt hier die erste Regierung der DDR die staatliche Vollmacht. Von 1967 bis 1994 befand sich in dem Gebäude das sowjetische »Museum der bedingungslosen Kapitulation des faschistischen Deutschland im Großen Vaterländischen Krieg«.

Nach den deutsch-sowjetischen Vereinbarungen über den Abzug der Streitkräfte einigten sich Deutschland und die Sowjetunion, an diesem historischen Ort gemeinsam an die Geschichte des deutsch-sowjetischen Krieges und das Ende der national-sozialistischen Herrschaft zu erinnern.

Die Dauerausstellung, die ca. 40 000 Besucher im Jahr anzieht, vermittel dem Besucher auf ca. 1000 qm eine Vorstellung von der Geschichte der deutsch-sowjetischen Beziehungen von 1917 bis 1990. Im Mittelpunkt steht dabei der deutsch-sowjetische Krieg 1941–1945, insbesondere der Kriegsalltag der Soldaten und der Zivilisten auf beiden Seiten. Zentrum des Museums ist weiterhin der im alten Zustand erhaltene Kapitulationssaal.

Kapitulationssaal

Darüber hinaus zeigt das Museum im Jahr zwei bis drei Sonderausstellungen. Schwerpunkte sind die Erinnerung an den Krieg sowie Themen der deutsch-russischen Beziehungen, die anhand von Kriegsfotografie, aber auch künstlerischen fotografischen Auseinandersetzungen mit der Thematik nachgezeichnet werden.

Deutsch-Russisches Museum Berlin-Karlshorst

Zwieseler Str. 4 / Ecke Rheinsteinstraße
10318 Berlin
Telefon: +49-(0)30 501 508-10
www.museum-karlshorst.de

Öffnungszeiten

Di – So: 10 – 18 Uhr Eintritt frei

S-Bahnhof Karlshorst / Bus 396
U-Bahnhof Tierpark / Bus 396

Deutsches Historisches Museum
Besucherhinweise – Museumsverein

Zeughaus

Unter den Linden 2
D-10117 Berlin
Telefon: +49-(0)30 203 04-0
Telefax:. +49-(0)30 203 04-543

Wechselausstellungen

Ausstellungshalle von I. M. Pei
Hinter dem Gießhaus 3
D-10117 Berlin

Öffnungszeiten

Täglich 10.00–18.00 Uhr

Verkehrsverbindungen

S-Bahn: Hackescher Markt und Friedrichstraße
U-Bahn: Französische Straße, Hausvogteiplatz und Friedrichstraße
Bus: TXL (Haltestelle Staatsoper) sowie 100 und 200 (Haltestellen: Staatsoper oder Lustgarten)

Museumsverein des DHM e.V. – Werden Sie Mitglied!

Der Museumsverein unterstützt die Arbeit des DHM, z. B. duch Publikationen und Ankauf von Exponaten. Sie können uns dabei helfen, indem Sie Mitglied werden! Wir freuen uns darauf!

Alle Spenden sind steuerlich absetzbar. Gegenwärtig haben wir 270 Mitglieder.

Unsere Mitglieder werden zu den Sonderveranstaltungen und Ausstellungseröffnungen des Museums eingeladen. Sie haben außerdem freien Eintritt ins DHM und ins Zeughaus (jeweils mit Begleitperson) und erhalten regelmäßig die aktuellen Programme des DHM per Post. Darüberhinaus können die Mitglieder an Tages- oder Spezialexkursionen des DHM für den Museumsverein teilnehmen. Für Förderer und Stifter gibt es noch weitere attraktive Angebote bzw. Vergünstigungen.

Es gibt drei verschiedene Beitragsstufen für Mitglieder:
Freund des DHM €70,– Jahresbeitrag
Förderer des DHM €250,– Jahresbeitrag
Stifter des DHM €600,– Jahresbeitrag

Für weitere Informationen steht Ihnen unsere Geschäftsstelle zur Verfügung:

Museumsverein des Deutschen Historischen Museums e.V.
Unter den Linden 2
D-10117 Berlin

Telefon: +49-(0)30 203 047 10
Telefax:. +49-(0)30 203 047 11
E-Mail: museumsverein@dhm.de